Paul Richter

Versuch einer Dialektbestimmung des Lai du corn und des Fabliau du Mantel mautaillié

Paul Richter

Versuch einer Dialektbestimmung des Lai du corn und des Fabliau du Mantel mautaillié

ISBN/EAN: 9783743610026

Hergestellt in Europa, USA, Kanada, Australien, Japan

Cover: Foto ©Andreas Hilbeck / pixelio.de

Manufactured and distributed by brebook publishing software (www.brebook.com)

Paul Richter

Versuch einer Dialektbestimmung des Lai du corn und des Fabliau

du Mantel mautaillié

AUSGABEN UND ABHANDLUNGEN

AUS DEM GEBIETE DER

ROMANISCHEN PHILOLOGIE.

VERÖFFENTLICHT VON E. STENGEL.

XXXVIII.

VERSUCH EINER DIALEKTBESTIMMUNG

DES

LAI DU CORN

UND DES

FABLIAU DU MANTEL MAUTAILLIÉ.

VON

PAUL RICHTER.

MARBURG.

N. G. ELWERT'SCHE VERLAGSBUCHHANDLUNG.

1885.

Dem Andenken

meiner theueren Eltern.

Der »lai du corn« (cf. F. Wolf »Über die Lais« p. 327 fg.) und »le fabliau du mantel mautaillié« (cf. -»Recueil des Fabliaux« par Montaiglon et Raynaud Bd. III p. 1) gehören zu den Sagen, welche von der Erprobung der Keuschheit erzählen. Von allen diesen hat Warnatsch (cf. seine Abhandlung »der Mantel« p. 55—84 in Weinholds germanistischen Abhandlungen II, Breslau 1883) eine umfassende Darstellung gegeben, und besonders hat er die Erzählungen vom Horne, aus welchem nur der Mann oder der Geliebte des ganz treuen Weibes trinken kann, ohne etwas zu vergiessen, und diejenigen vom Mantel, welcher nur der keuschen Frau oder der unschuldigen Braut vollkommen passt, genau erörtert. Ebenso hat Warnatsch das Verhältniss des »lai du corn« und des »fabliau du mantel mautaillié« und ihre Übereinstimmungen und Verschiedenheiten erläutert. Cf. p. 60 etc.

Auch ich hatte diese weit verbreiteten und verschiedenartigen Sagenstoffe gesammelt, ehe ich die Abhandlung von Warnatsch kennen lernte, und ich wollte diese Sammlung als Einleitung zu meiner Arbeit benutzen. Doch in Folge der sehr verdienstvollen Schrift von Warnatsch beschränke ich mich jetzt darauf, dieselbe aus meinem Material, so weit mir dieses möglich, in wenigen Punkten zu ergänzen.

Den p. 56 und 57 mitgetheilten Spiegelproben wäre wohl noch die von Chaucer in »the Squires tale« (cf. Skeat p. 107, 132—141) erzählte hinzuzufügen, die im Gegensatz zu derjenigen in »1001 Nacht« (cf. Übersetzung von v. d. Hagen

Bd. VIII, Nacht 284 p. 24) steht. Während nämlich nach dieser
Erzählung der wunderbare Spiegel sich trübt, wenn darin das
Bild eines unkeuschen Mädchens erscheint, ist derselbe in »the
Squires tale« durch die Eigenschaft ausgezeichnet, der Braut
die Untreue ihres Liebhabers zu enthüllen. Cf. 139--141:

> If he be fals, she shal his treson see,
> His newe loue and al his subtiltee
> So openly, that ther shal nothing hyde.

Weiter dürfte wohl noch zu erwähnen sein, dass im spanischen
»Amadis de Gaula« II cap. 2 die untreuen Liebhaber nicht durch
stinkende Flammen wie in der französischen Version (cf. War-
natsch p. 56), sondern durch Lanzenstiche und Schwerthiebe von
dem verbotenen Zimmer zurückgestossen werden. Cf. p. 50:
»y entrando en lo defendido, sintióse herir de todas partes con
las lanzas y espadas de tan grandes golpes y tan espesos, que
se semejaba que ningun hombre lo podria sufrir«, und ein
wenig weiter unten: »y luego fue lanzado fuera del sitio como
lo hacian á los otros«.

Ganz nahe an diese Sagen und besonders an diejenigen,
in welchen nur die Erprobung der Männer dargestellt ist (cf.
the Squires tale, Legrand d'Aussy Fabliaux I, 156—164, War-
natsch p. 80), schliessen sich die folgenden an. Es handelt sich
hierbei um die Auffindung eines ganz tüchtigen Ritters, und
bei einigen der zu erörternden Proben wird auch die Keusch-
heit als hauptsächlichste Bedingung des Gelingens hervor-
gehoben.

An die Erzählungen vom Trinkhorne klingen einige Epi-
soden im »Huon de Bordeaux« an, deren Gegenstand eine
Zauberschale (hanap) bildet, welche sofort versiegt, wenn sie
ein Schuldiger zum Munde führt (cf. p. 109—111; 124; 304 der
Ausgabe in den »Anciens Poètes de la France«). Auch Karl
dem Grossen (p. 304) ergeht es nicht besser, und Auberon er-
klärt ihm:

> Car li hanas est de tel disnité,
> Nus n'i puet boire, s'il n'est preudom clamé
> Et nes et purs et sans peoié mortel.

Im Perceval le Galois (bei Potvin VI, p. 220) wird in ähnlicher Weise ein Schild geschildert, welcher nur dem kühnsten und auch von jeder Sünde freien Mann kein Verderben bringt: »Le plus hardi lui-même, s'il n'est pur de tout péché: Quiconque touchera sans droit A l'écu, sera depechiez De M. pierres et lapidez«.

Von weiteren ähnlichen Proben mögen nur noch die folgenden kurz mitgetheilt werden. Im »Durmart« vers 9504 findet sich die Beschreibung eines Stuhles, auf welchen sich nur ein vollkommener Ritter (cf. 9522—24 und 9531--35) setzen kann, ohne von schlimmem Missgeschick befallen zu werden (cf. 9526—29), und ganz ähnlich ist eine andere Stelle des Perceval (ed. Potvin IV, p. 172), wo jeder irgendwie mit Fehlern Behaftete, sobald er auf einem Sessel Platz genommen hat, von der sich öffnenden Erde verschlungen wird. Weiter darf ebenda (cf. 8912—24 und 8956—59 der Ausgabe von Potvin) nur ein Mann ohne Tadel ein Zauberschloss ungestraft betreten und sich auf ein kostbares Bett setzen, ohne zu sterben (cf. 9110—13 und 9175—82). Zu allerletzt sei hier noch auf den »chevalier as deus espées« hingewiesen, wo erzählt wird, dass allein der tüchtigste Ritter die Dame de Garandigan von einem wunderbaren Schwerte entgürten kann (cf. 781 fg.; 902 fg.; 1290 fg. und 1479 fg.).

Diesen wenigen sagengeschichtlichen Bemerkungen soll der Versuch einer Feststellung der Dialekte des »lai du corn« und des »fabliau du mantel mautaillié«, ein Rimarium und ein Wortindex zu jedem der beiden Gedichte folgen. Für den Lai benutze ich ausser dem oben angegebenen Text noch die Berichtigungen von Stengel (cf. »Codicem manuscriptum Digby 86 p. 1).

I. Le lai du corn.

Der »lai du corn« ist bisher für ein anglo-normannisches Denkmal angesehen worden (cf. F. Wolf: »Über die Lais« p. 173; Suchier: »Vie de St. Auban« p. 3 und Vising: »Etude sur le dialecte anglonormand du XII siècle« p. 61); doch lassen sich einige Anhaltspunkte gewinnen, welche es wahrscheinlich machen, dass die uns erhaltene anglonormannische Fassung nur als Umschrift eines in nordostfranzösischer Sprache abgefassten Originals anzusehen ist *).

A. Metrum.

Der »lai du corn« ist in sechssilbigen Reimpaaren abgefasst, doch laufen mannigfach Acht-, Sieben- und Fünfsilbler mitunter. Diese Verstösse sind aber wahrscheinlich nicht dem Dichter aus der Mitte des zwölften Jahrhunderts (cf. Wolf p. 174), sondern dem Schreiber der am Ende des dreizehnten Jahrhunderts angefertigten Handschrift (cf. Stengel: »Codicem etc. Digby 86 p. 1) zuzuweisen, zumal sie sich durch leichte Änderungen beseitigen lassen. Nachstehend ist versucht, die richtige Silbenzahl der Verse durch Emendationen wieder herzustellen. —

Die drei ersten Verse des »l. d. c.« stimmen auffälligerweise mit denen des »f. d. m. m.« überein (cf. hierüber Wolf p. 176 und Warnatsch p. 61). Sie sind also wohl an die Stelle des verlorenen Eingangs getreten. Ebenso scheinen Vers 5—14 sehr

*) In der mir erst nach Abschluss meiner Arbeit zugegangenen Schrift von Vising: »Sur la versification anglo-normande« p. 72—73 ist dieselbe Ansicht angedeutet und sind einige der in Betracht kommenden Punkte bereits kurz erwähnt.

überarbeitet zu sein, denn die Herstellung des ursprünglichen Textes aller dieser Verse bietet manche Schwierigkeiten. Vielleicht könnten dieselben jedoch ungefähr folgende Gestalt gehabt haben:

Überlieferter Text:	Hergestellter Text:
1. De une auenture qui auint	Une auenture auint
2. A la cort al bon rei qui tint	A cort*) al rei qui tint

*) Cort ohne bestimmten Artikel gebraucht in ähnlicher Verbindung im Leodegar 14: »a cort sempre lui seruist.

3. Bretaine et Engletere quite	Bretaine toute quite
5. Li bons reis Arzurs teneit	Li reis Arture teneit
6. A Karlioun, cum lem diseit	A Karlioun a dreit(?)*)

*) Cf. Godefroi: a droit und f. d. m. m. 208. Diese Änderung hat einige Wahrscheinlichkeit, wenn man Vers 4: Si cum lem treue escrite auf die ihm folgenden Verse bezieht, denn dann erscheint cum lem diseit in 6 überflüssig.

7. Une feste, ki mout couste	Grant feste, qui mout couste (ct. 15).
8. A vn iour de pentecouste	Al iour de pentecouste. —
9. Mout esteit riche la feste	Mout riche esteit la feste
10. Si cum counte nostre geste	Cum counte nostre geste
11. Kar trente mile cheualer	Trente mil*) cheualer

*) Cf. mil 246; ebenso im Alexius 119e.

12. I sitrent cel iour au manger	I sitrent au manger
13. E trente mile puceles	E trente mil puceles (cf. 11).
14. Qui dames, ki dammaiseles	Dames et dammaiseles (cf. 205 ebenso)
15. Ceo fust grant meruaille	Ceo fust tres grant*) meruaille

*) graunde nur 199, doch zweifelhaft da es vor Vokal steht und das e elidirt werden muss; grant n. f. 15, 20; obl. s. f. 342; 368; 474; überhaupt haben in diesem Denkmale die lateinischen Adjective zweier Endungen nur eine männliche Form, ausgenommen tele vor Vokal 66 und 196, wo tel der Silbenzahl wegen einzusetzen ist.

| 17. Manioyt oueke sa touse | Manioyt ouec sa touse |
| 24. De si ki en Alemaigne | De si k'*) en Alemaigne |

*) ki für ke ist anglonormannische Schreibart (cf. Suchier: »Vie de St. Auban« p. 47 und »Reimpredigt« p. XVII und p. 109).

| 25. De la cite de Boillaunde | De la cit*) de Boillaunde |

*) Über cit als cas. obl. cf. Godefroi: »Dictionnaire de l'ancienne langue française« II p. 141.

26. Aual deske en Irelaunde	Aual deske en Irlaunde (cf. 439 Ir-
29. Que für qui cf. 24.	launde)
33. Mes heinz ki il heient mange	Heinz k'il heient mange (cf. 24)
70. Qui loie tout sen oubblie	Qui l'ot tout sen oubblie.
72. Ouec für oueke cf. 17.	
81. Les eschelettes sonerent	Les eschieles sonerent (cf. 52 eschieles)

85. Ounke ni out damaisele   Ounc ni out damaisele (*cf.* bounc 518)

89. Ne ki porte mazerin   Ne ki port mazerin (*cf.* serue 88)

91. Dart vin ne clare   Vin vermail ne clare (*cf.* vin vermail

98. Pur quei quil porte esquiele   Quei quil porte esquiele*)   [545]

  *) *esquiele* ist dreisilbig (*cf.* 86; 147).

128. Ore me oiez un petit   Or*) me oiez un petit

  *) Über *or* cf. Z. f. r. P. VII p. 1 etc.

132. *Que* für *qui* cf. 24.

141. Qui gre nel en sauerai   Que gre nel en saurai*)

  *) Über dies Futurum cf. Freund: »Über die Verbalflexion der ältesten französischen Sprachdenkmäler« p. 24 und p. 27; Tobler: »Vom französischen Verabau« p. 30; Mall: »Computus« p. 95; »Roman. Stud.« IV p. 566 und V p. 345.

151. *aurai* für *auerai* cf. 141.

157. Qui au table au cheualer   Qu'*) a table**) au cheualer

  *) Über *que* cf. 24; **) *table* ohne Artikel in ähnlichen Verbindungen gebraucht cf. Littré: *table* unter »historique«.

161. Quant seroie cunreiez   Quant*) serai cunreiez

  *) Über *quant* cf. Diez, Gramm. III p. 346.

168. Crient ki il ne soie seguz   Crient k'il ne soit segus (*cf.* soit 452)

183. Neeles de argent   Neeles ad* argent

  *) Hiat zwischen *de* und folgendem Vokal ist unstatthaft, cf. Tobler: »Verabau« p. 45; — *neele ad argent* 51.

186. Monstrez le moun chapelein   Monstrez le au chapelein

196. Vous dirai tele meruaille   Vous dirai tel meruaille (*cf.* 15)

197. *Que* für *qui* cf. 24 und *ounkes* für *ounke* cf. *ounkes* 174; 249; 444; 446.

200. Men nest luis ki ore le die   Mes*) nest luis k'**) or†) le die

  *) Über *mes* cf. Stengel: »Digby« etc. Nr. 86 p. 28; **) über *ke* cf. 24 †) über *or* cf. 128.

203. *Que* für *qui* cf. 24.

221. *creu* für *cru* (cf. *beu* 550; 561; *veu* 562).

222. *leü* für *lu* cf. 221.

232. Qui ia houme ne beuera   Que*) ia houm**) ne beura†)

  *) *que* für *qui* cf. 24; **) *houm* n. s. 67; †) *beura* für *beuera* cf. 141.

241. *Que* für *ki* cf. 24, und *aura* für *auera* cf. 141.

244. Ja nen .j. ert si engraunde   Ja nen iert si engraunde

247. *beura* für *beuera* cf. 141.

248. *estoura* für *estouera* cf. 141.

253. *Que* für *qui* cf. 24.

258. De ce ki au Mounpeeller   De ci k' au Mounpeller (*cf.* 24)

265. *Ounc* für *ounke* cf. 85.

277. *Or* für *ore* cf. 128.

282. *Que* für *ki* cf. 24.

283. Il en apele Keerz   Il en apele Kez*)

   *) Reim und Silbenzahl verlangen *Kes*, ebenso 287.

285. Kar ieo essairay   Kar ieo essaieray*)

   *) Cf. *essaierount* 314 und 412; Tobler: »Versbau« p. 30.

286. Sauer si ieo en beneray   Sauer si*) i' en beuray

   *) Über *ieo* cf. Tobler: »Versbau« p. 45 und 47, und *beuray* für *beueray* cf. 141.

287. Keerz li seneschaus   Et Kez li seneschaus (*cf.* 283)

290. A l'empereour le tent   *L'empereour le tent

   *) Der Accusativ vertritt häufig den Dativ (cf. 175 u. 176; «Alexius« 68b: »il le nuncat sum pedre Eufemien«).

295. Countre ual dekes as pez   Countre ual deske as pez (*cf.* deske 26)

298. Wn cnivet ad pris   Un canivet*) ad pris

   *) *cniuet* ist anglonormannische Nebenform von *canivet* (cf. Vising: »Sur la versification anglo-normaude« p. 72—73).

304. En houstent le cniuet   Houstent*) le caniuet**)

   *) Cf. *ousterent* 305, und über **)*caniuet* cf. 298.

310. Qui soit espousee   Qui ia soit espousee

314. Touz lessaierount issi   Lessaierount*) issi

   *) *Touz* erscheint hier vollkommen überflüssig, da *cil* in 315 *lessaierount* hinreichend bestimmt.

316.   *beurount* für *beuerount* cf. 141.

321.   *Ounc* für *hounkes* cf. 85.

322. Jour de sa mesprisioun   De sa mesprisioun*)

   *) *mesprisioun* ist gelehrte Bildung und viersilbig zu lesen.

324.   *Or* für *ore* cf. 128.

328. Ou nent de mes dras   Ou neent*) de mes dras

   *) Über *neent* cf. Z. f. r. Ph. II p. 18.

331.   *que* für *qui* cf. 24, und *ounkes* für *ounke* cf. 197.

339. Juuencel enfaunt   Tout iuuencel enfaunt

353. Kar le quidaie retenir   Quidai*) le retenir

   *) Das Präteritum ist 350 und 351 gebraucht.

361.   *Ounc* für *wunke* cf. 85.

364.   *Neent* für *nent* cf. 328.

379. Jeo li oy en couenaunt   Li oy en couenaunt*)

   *) Die persönlichen Pronomina fehlen im Altfranzösischen oft beim Verbum, ebenso 47; 376; 381 etc.

385. Ne me agree nent   Ne me agree neent*)

   *) Cf. 328; Hiat zwischen *me* und *agree* ist nicht statthaft (cf. Tobler »Versbau« p. 45).

399.   *Deureit* für *deuereit* cf. 141.

402.   *Ounc* für *hounkes* cf. 85.

403. Qui irroie dounke queraunt   Que irroie dounc queraunt (*cf.* 24

406.   *Que* für *qui* cf. 24.   [und *dounc* 316)

414.   *aurai* für *auerai* cf. 141.

433. Douke lo tint as mainers — Quant*) le tint as mainers
*) Der Sinn des Satzes erfordert hier *quant*.

440. Ni ad celui qui nespaunde — N'ad celui qui nespaunde

448. E checun se irroit — E checun s'en*) irroit
*) Hiat zwischen *se* und *irroit* nicht statthaft (cf. Tobler: »Versbau« p. 15. — *en fust irrez* 218; *en fu irrez* 295).

450. Qui en furent mout dolaunt — Qui en furent dolaunt

461. Touz ses barouns apela — Ses barouns apela

463. Seignours ore mi enttendez — Seignours or*) m'**) enttendez
*) Cf. *or* 128, **) *me* 128, 160; 326 etc.

469. Jeo nei doroi mie — Jeo nel doroie*) mie
*) Der Sinn des Satzes ist conditional, und auch die Form *doroi* scheint auf *doroie* hinzudeuten. Überdies geht es nicht wohl an, *ne le dorai* zu lesen, weil *le* in unserem Gedicht, wie anderweit, sich durchweg an voraufgehendes *ne* anlehnt; cf. *nel* 135, 136; 141; 142; 449; 471 etc. Über die Anlehnung im Altfranzösischen cf. Gengnagel: »Die Kürzung der Pronomina hinter vokalischem Auslaut im Altfranzösischen«.

471. *houm* für *houme* cf. 67, und *aura* für *auera* cf. 141.

472. *beura* für *beuera* cf. 141.

478. Mout bele la li sembla — Mout bele li sembla

480. Si la ad troiz feze beisse — Si la ad trois foiz beisse

485. *Doune* für *dounke* cf. 403.

508. Sere le roi Galahal — Suer*) le roi Galahal
*) *Suer* wird öfters als cas. obl. gebraucht; cf. hierüber: »Ausgaben und Abhandlungen«, Wörterbuch, unter *sor*; Burguy 1, 258; II, 288.

514. Et les crins luners et sors — Les crins luners et sors

519. Eins lui ad a raisoun mis — Eins l'*) ad a raisoun mis
*) Durmart 10789: *Li Galois l'a a raison mis;* »Fabliau du mantel mautaillié« 441: *En a le Roi a reson mis.*

525. *Doune* für *dounke* cf. 403.

532. E veitroie goune — E vestiroie*) goune
*) *Vestira* ist die regelmässige Futurbildung; cf. Durmart 13296 und Burguy I, 406; einen weiteren Beleg für *veitroie* habe ich nicht constatiren können.

534. Deust estre turturele — Deust estre turtrele*)
*) *turtrele* begegnet »Alexius« 30d.

536. *aura* für *auera* cf. 141.

551. Forement sen esioi — Forment sen esioi

556. Mes ne le dist mie en bas — Mes nel*) dist mie en bas
*) Cf. aber *nel* 469.

563. Cirinceitre garderez — Cirinceitre gardes*)
*) Cf. Diez, Grammatik III, 281.

Die fehlerhaften Verse lassen sich also meistens ganz glatt in Sechssilbler umwandeln und dürfen dem anglonormannischen Schreiber zur Last gelegt werden. Die Eigenthümlichkeiten

des anglonormannischen Versbaues, wonach tonloses *e* nach
betontem Vokal oder nach Consonanten verstummen kann,
finden demnach in unserem Gedicht keine Stütze (cf. über diese
Erscheinungen Suchier: »Vie de St. Auban« p. 6, 34 und 36;
P. Meyer »Romania« I, 71; Vising: »Etude sur le dialecte anglo-
normand du XII° siècle«, p. 82 und 93, und seine oben citirte
neueste Schrift, ferner »Roman. Stud.« V p. 347 und 373).

Sonst bietet das Metrum nichts von Belang.

Der Hiat ist öfter vorhanden, und zwar

1) nach *qui, ki* gleich *que* (cf. hierüber 24) in folgenden
   Versen: 109; 213; 243; 451; 593;
2) nach *si* (cf. 246, 355; 377);
3) nach *ne* = lat. *nec* 198; 367; 444.

Über alle diese Fälle cf. Tobler »Versbau« p. 45. Weiter ist
Hiat vorhanden zwischen *autre* und *ami* 394 (cf. hierüber Tobler
p. 49) und schliesslich in 230 *Daumponeuse, erree.* Doch ist
diese Stelle nicht klar. Vielleicht bedeutet *daumponeuse* den
Namen der Fee, und *erree* wäre durch *nommee* zu ersetzen?

Elision ist vorhanden zwischen *li* und *enfes* 345, und *ieo*
und *en* nur 286; dagegen findet dieselbe nicht statt zwischen
qui und *en* cf. 45; 442; 450.

Über Anlehnung cf. 469.

Folgendes ist zunächst über die Reime zu bemerken:

1) Lat. *ō* und *ū* gebunden, cf.: *oure : ure;* denn in *demere*
   : *jure* 201—2 muss doch wohl *demoure* für *demere* ein-
   gesetzt werden, eine Form, welche sich häufig findet (cf. Ro-
   mania« X p. 44; Mall »Computus« p. 43) und auf anzusetzendes
   lat. *ō* zurückgeht. Weiteres über diese Bindung cf. unten über
   den Dialekt am Schlusse.

2) *Gohers : corns* 429—30 ist von keinem Belang, denn
   Gohers ist Eigenname, und man könnte vielleicht *Gohors* dafür
   einsetzen, der Reim wäre dann regelmässig, weil *n* nach *r* in
   unserem Denkmale verstummt (cf. unten über die Consonanten
   Nr. 2).

Bei den Consonanten bietet sich Folgendes dar:

1) *m* gleich *n* im Auslaute; cf.: *on (oun)*.

2) *n* verstummt nach *r* am Ende der Wörter; cf.: *òr (orn)*, *òrs (orns), our*.

3) *r* in Verbindung mit anderen Consonanten wurde sehr schwach artikulirt oder verstummte vielleicht gänzlich; cf.: *as (ars), este : estre, oce : orce, ors : os, us (urs), us (urs)*. Nicht bloss im Anglonormannischen (cf. Birkenhoff: »Brandan-Legende« p. 28; Vising: »Etude sur le dialecte anglo-normand« p. 87, 94; Mall: »Computus« p. 30; »Roman. Stud.« IV p. 592), sondern auch in den anderen Dialekten finden sich solche Bindungen, so im Dialekte von Ile de France; cf. Metzke, Herrigs Archiv Bd. 65 p. 86.

4) *s* verstummt vor *t* in einigen Reimpaaren; cf.: *ist : it*.

5) *v* verstummt, wie auch sonst, vor *r*; cf.: *eirre*; vor *s* cf.: *is*).

6) *argent* obl. s. : *chaunberlens* obl. s. 183—4; *s* ist anglonormannische Schreibart für *c* (cf. Mall »Computus« p. 98 und Roman. Stud. IV, 608); es ist also aus dem Reime zu schliessen, dass *t* und *o* nach *n* verstummt waren.

Über die Bindung von *s* und *s* cf. zur Bestimmung des Dialektes unter c.

B. *Weiteres zur Bestimmung des Dialektes.*

I. Anglonormannische Schreibarten.

Nur als anglonormannische Schreibarten sind folgende Lauterscheinungen zu betrachten:

1) Öfters ist *ée* für *é* geschrieben und umgekehrt (cf. hierüber Suchier: »Vie de St. Auban« p. 5); s. Rimarium: *é (ée)*, *ée (é, éz)*, *iée (é)*; im Inneren begegnen immer regelmässige Formen.

2) *e* für *ei* (cf. hierüber Suchier »Reimpredigt« XVII; Mall »Computus« p. 40; Roman. Stud. IV p. 561 und 581). s. Rimarium: *eir (er)*; im Inneren ebenso *sauer* 188; 286; 316; *auer* 254;

daneben *ei* häufig, cf.: *eirre*; im Inneren *reis* 5; *quei* 98; *aueir* 251 etc.

3) *e* für *ai*; cf.: *aire* (*eire, ere*).

4) *ei* für *ai* und umgekehrt (cf. »Reimpredigt« p. XVIII und »Roman. Stud.« IV p. 578 und 580—81); s. Rimarium : *aire* (*eire ere*), *ais* (*eis*), *ait* (*eit*), im Inneren ebenso *paleis* 38; 80 — *palais* 71; *mai* (*moi*) 356; *heit* 236; 259; *neit* 249 etc.; daneben *ay* 327; 375; 401; 548. Gleichfalls vor mouillirtem *l* (cf. hierüber Roman. Stud. IV p. 584); s. Rimarium : *eil* (*ail*), *eille* (*aille*); daneben auch regelmässig, cf.: *aille*; im Inneren *esmerueille* 312; *entuilliez* 42; *sailli* 504 etc. Ebenso Wechsel vor Nasal (cf. Kehr: »Die Sprache des livre des manières« p. 4; Vising: »Etude sur le dialecte anglo-normand« p. 75,84; 93); s. Rimarium : *ain* (*ein*), *ain* 2; *ains* (*eins*). Im Inneren *heinz* 33; *meint* 121; *chapelein* 190 etc.; daneben *main* 39; 75; pain 327 etc. Die Bindungen von *a* und *ē* vor Nasal (cf. *ain* 2) sind aber nicht anglonormannische Eigenthümlichkeit, sondern begegnen auch in den anderen Dialekten (cf. Spiess: »Untersuchungen über die lyrischen trouvères belges des XII—XIV. Jhd.« p. 11; weiter in Ile de France cf. Metzke: »Herrigs Archiv« Bd. 65 p. 61; cf. auch Neumann: »Zur Laut- und Flexionslehre des Altfranzösischen« p. 51; schliesslich Apfelstedt: »Lothringer Psalter« p. 19 und Förster: »Lyoner Yzopet« p. XXXI; »Cliges« p. LXI; Breuer: »Sprachliche Untersuchung de Girard de Rossillon« p. 16).

5) *ei* für lat. *ī* und *ē* cf. *eir, eirre, eit*, doch daneben sehr häufig *oi*; cf.: *oi, oient, ois, oit, oiz* (cf. über diese Lauterscheinungen »Roman. Forschungen: 1 p. 157 etc.)

6) *ou* für lat. *ū* und *ŭ* besonders vor Nasalen (cf. hierüber »Romania« X p. 54 und »Mall« p. 40) s. »Rimarium«: *ome* (*oume*), *on* (*oun*), *one* (*oune*), *ons, onz* (*ouns, ounz*), *ont* (*ount*), *onte* (*ounte*), *ontes* (*ountes*), auch *u* geschrieben: *on* (*oun, un*). Im Inneren ebenso: *soun* 22, 28; 60; 76; 132 etc.; *moun* 186; 481; 498; *serount* 34; *sount* 101; 207; *sounent* 62; *ounke* 85; 117; *dount* 272; 580; *houme* 331; 471; *houm* 399 etc.; doch auch *o* vorhanden, cf.: *one* (*oune*), im Inneren *bon* 2,393; *bons* 5.

ō, ŭ vor anderen Consonanten auch meistens durch *ou* bezeichnet cf.: *ouche, our, ous, ouste*; im Inneren ebenso, doch auch ö zu *eu* geworden in *daumponeuse* 230; *preuz* 56 — *prus* 96; 130; 560. In unbetonter Silbe erscheint gewöhnlich *u* (cf. **Mall**: »Computus« p. 43), so *cuncorderent* 82; *cunrois* 114; *cunquere* 251; *cumbati* 346 etc.; doch auch *ou*: *brounsat* 266; *respoundi* 125; 483; 573; weiterauch *o* in *sonerent* 81; *doner* 146; *promese* 164; *donai* 337; *donez* 359; *honir* 410; *honereit* 456 (cf. hierüber »Roman. Stud.« IV, 575—76).

Lat. ŏᵘ wird wie in den anderen Dialekten bezeichnet.

7) *au* für *a* vor complicirtem Nasal (cf. **Mall**: »Computus« p. 40; »Romania« X p. 54; »Roman. Stud.« IV, 559); s. »Rimarium«: *ande* (*aunde*), *ant* (*aunt*), *anz* (*aunz, auns*); im Inneren ebenso: *maunde* 28; *auenaunt* 36; *taunt* 62 etc.; doch auch *a* in *grant* 15, 20, 32, 73 etc.

8) *e* für *ié* (cf. **Suchier**: »Reimpredigt« XVI und **Mall**: »Computus« p. 40; »Roman. Stud.« IV, 560 und 588); s. »Rimarium«: *ié* (*é*), *iée* (*ée*), *ier* (*er*), *iers* (*ers*), *iez* (*ez*) und *ien* (*en*), im Reime erscheint *mulier* 569; im Inneren ebenso *e* für *ie* geschrieben: *quert* 395; *pes* 503; *cheualer* 487 etc.; dagegen *mulier* 410; 456 (cf. hierüber: »Roman. Stud.« IV p. 590).

9) *qui* für *que* geschrieben (cf. oben bei »Metrum« 24): *qui* obl. s. 124; 132; 467; *qui* in Bedeutung von *ce que* 261; *ceo ki* 241; *ki* obl. pl. 468; Conjunction *qui* 63; 69; 83; 109; 135; 157 etc.

10) *chascun* und *chascune* ist durch *checun* und *checune* ersetzt (cf. hierüber **Mall**: »Computus« p. 56 und »Roman. Stud.« IV p. 559); *checun* 16; 211; 447; 448; 578; *checune* 533.

11) *c* für *s* geschrieben in *embracer* 351 für *embraser* (cf. oben bei den Reimen unter 6).

12) *w* für *v* geschrieben (cf. hierüber »Roman. Stud.« IV p. 599); *wous* 131; 319; 482; 571 — *vous* 35; 58; 225; 374 etc.; *weitu* 78; 162; *wers* 337 — *vers* 479; 488; *wousist* 254; *wout* 300 — *vout* 422; 426 etc.; auch für *u* zuweilen *w* geschrieben in *wne* 7; 68; *wn* 60; 298; 340; 341 etc.

13) Neben *fors* 498; 514 auch *for* 333, allerdings vor *s* (cf. hierüber: »Roman. Stud.« IV p. 605).

14) Weiter finden sich *treitout* 22; 213; 269 neben *trestout* 179; 412; 567; hierzu gehört wohl auch *Cirinceitre* 509; 563; 585 für *Cirincestre* und *veitroie* als Conditionalis von *vestir*. Alle diese vorstehenden anglonormannischen Schreibarten geben aber keine Anhaltspunkte für den anglonormannischen Ursprung des »lai du corn«, da sie sich sämmtlich leicht in festländisch französische Formen und Reime umschreiben lassen.

II. Für den Dialekt des „lai du corn" beweisende Fälle.

a. Es erscheint *ié* streng von *é* geschieden, cf.: *ié (é)*, *iée (é)*, *ier* (*er*), *iers* (*ers*), *iez* (*ez*) und *ien* (*en*) und dazu: *é (ée)*, *ée* (*é*, *éz*), *ées*; allerdings ist *versé* mit *irré* gebunden, doch ist dieser Reim nicht entscheidend, da *iré* und *irié* neben einander gebraucht werden und *iré* die etymologisch richtige Form ist (cf. hierüber »Roman. Stud.« I, 603 und Fleck: »Der betonte Vocalismus einiger altostfranzösischer Sprachdenkmäler« p. 21). Diese strenge Scheidung von *ié* und *é* kommt in anglonormannischen Denkmälern nicht vor. In der »Brandan-Legende«, um 1121 entstanden, waltet auch schon nicht ganz strenge Scheidung in einem Reimpaar vor; cf. Vising: »Etude sur le dialecte anglonormand« etc. p. 76, und Birkenhoff: »Über Metrum und Reim der Brandan-Legende« p. 40 und 42; im »Computus» treten schon öfter Mischungen von *ié* und *é* ein, cf. Mall p. 68; 69 und 74; ebenso in »l'estorie de Gaimar«, cf. Vising p. 85 und »Chronik de Fantosme«, cf. Vising p. 92. — Strenge Scheidung von *ié* und *é* liegt aber vor im Pikardischen, cf. Förster: »Li chevaliers as deus espées« p. XXXVI, »Aiol et Mirabel« p. XXXVII; Spiess: »Untersuchungen über die lyrischen trouvères belges« p. 13, 15, 18 fg.; weiter in »Ile de France«, cf. Metzke; »Herrigs Archiv« Bd. 65 p. 70 fg.; in der Champagne, cf. Förster: »Cligés« p. LXII; schliesslich in den östlichen Dialekten, cf. Fleck: »Der betonte Vocalismus einiger altostfranzösischer Denkmäler«

p. 20; Breuer: »Sprachliche Untersuchung des **Girard de Rossillon**« p.12 und 25 fg.; Apfelstedt: »**Lothringer Psalter**« p. **XI**; Förster: »**Lyoner Yzopet**« p. **XXVII**.

b. *a* vor complicirtem Nasal ist gebunden mit *e* in gleicher Stellung; cf.: *ant* (*aunt*), *couenaunt* : *yent* 379—80; dagegen gehört wohl hier nicht her *auaunt* : *dolaunt* 449—50 und *couenauns* : *talauns* 133—34, da *dolent* und *talent* in *ent*- und *ant*-Reihen vorkommen (cf. P. Meyer: »**Memoires de la société de linguistique**« I p. 273). Im Anglonormannischen kommen solche Mischungen von *ent* und *ant* in älterer Zeit nicht vor (cf. Mall: »**Computus**« p. 76; Vising p. 69; 81; 92; Ga-ton Paris: »**Alexis**« p. 26 und 82; »**Jahrbuch**« XIV p. 396; Bonnardot: »**Romania**« II p. 247 und Kehr: »**Die Sprache des livre des manières**« p. 40).

Dagegen sind im Pikardischen solche Bindungen von *ent* und *ant* vorhanden (cf. »**Aiol et Mirabel**« p. XXXVII—XXXVIII; weiter Haase: »**Das Verhalten der pikardischen und wallonischen Denkmäler in Bezug auf *a* und *e* vor gedecktem *n*«**; Spiess: »**Lyrische trouvères belges**« p. 12). Dieselbe Mischung im Ostfranzösischen (cf. Fleck p. 19; Apfelstedt p. XIX; Breuer p. 17; in den unter a. angegebenen Werken). Weiter werden *ent* und *ant* auch in Ile de France gebunden (cf. »**Herrigs Archiv**« Bd. 64 p. 397, und in der Champagne, cf. Förster: »**Cliges**« p. LV).

c. Weiter ist *t*+*s* und *d*+*s* gebunden mit *s*, cf.: *es* (*ames* : *remes* 355-56), *uz* (*Arturs* [*Artuz*] : *mus* 105—6 und *Arturs* (*Artuz*) : *espaunduz* 457—58); es gehört wohl auch hierher *blouns* : *gernouns* 499—500; in den übrigen Fällen zeigt unser Gedicht *z* (zuweilen *s* geschrieben) nur mit sich selbst gebunden; cf.: *ans* (*auns*, *auns*), *éz*, *éz*, *iez*, *ois*, *us*. Diese Bindungen von *z* und *s* sind charakteristisch für den pikardischen Dialekt (cf. Suchier: »**Aucassin und Nicolete**« p. 62; Förster: »**Li chevaliers as deus espées** LIII); doch sind dieselben auch im Anglonormannischen in vereinzelten Fällen vorhanden (cf. Mall: »**Computus**« p. 91 und Vising in »**l'estorie de Gaimar**« p. 87); dagegen findet sich Scheidung in »**Voyage de Brandan**«

und »Chronique de Fantosme« (cf. Vising p. 78) und 94 und
ebenso in»Vie de St. Auban« (cf. Roman. Stud. IV p. 607—8).
d. Ebenso könnten wohl auch in Folge von a. und b. die
Schreibungen *senescal* 95 und *cewaler* 504 als Reste einer pikar-
dischen Vorlage betrachtet werden (cf. über diese Lauterschei-
nung Suchier: »Aucassin und Nicolete« p. 58; Schuchhardt:
»Romania« III p. 285; Förster: »li chevaliers as deus espées«
p. XIII etc.); sonst bietet unser Text regelmässig *ch* vor ursprüng-
lichem *a*, auch in den angeführten Wörtern, cf.: *aus, ier (er)*;
doch findet sich *c* vor *a* auch im anglonormannischen Dialekte
geschrieben (cf. Mall: »Computus« p. 91 und »Vie de St. Auban«
s. Roman. Stud. IV p. 608, allerdings hier nur in Fremdwör-
tern; cf. noch »Romania« III p. 393, wo dieser Lautvorgang
ebenso für das Normannische nachgewiesen wird, und Varn-
hagen: »Z. f. r. Ph.« III p. 161).

e. Auch die Form *eurent* 577 (*urent* 442) scheint pikar-
disch zu sein (cf. hierüber Suchier: »Aucassin und Nicolete« p. 65).
Ebenso ist *fu (focum)* 324 besonders dem Nordosten eigen-
thümlich (cf. hierüber Förster: »Li chevaliers as deus espées«
p. XL; und »Aucassin und Nicolete« 4,8 und 6,43); doch kommt
diese Form auch im Anglonormannischen vor (cf. »Roman. Stud.«
IV p. 572).

f. Ebenso findet sich die pikardische Eigenthümlichkeit,
eine Doppelconsonanz zu vereinfachen und eine einfache Con-
sonanz zu verdoppeln, vielfach in unserem Denkmale durch-
geführt (cf. über diese Erscheinung Förster: »Li chevaliers as
deus espées« p. XLVII): *Alemaigne* 24; *lesent* 84; 103; daneben
lesser 529; *lessa* 165; *promese* 164; *Engletere : tere* 197—98;
cunquere : tere 251—52; *teres* 579; *comaundes* 452; *amase* 365;
noune 53; *asis* 576; *assises* 43; *durai* 154; 571; *doroie* 469;
pureit 587 etc.; dagegen *ollifaunt* 47; *holifaunt* 112; *olifaunt* 485;
serreine 65; *oubblie* 70; *enttendes* 462; *irrai* 159; *irroie* 403;
pensiffs 170; *uiffs* 381; *irres* 218; 281; 296; *irrée* 264; *irroit*
448; *uirru* 424; *veirre* 255; *verruiment* 561; *lirra* 187 etc.

g. Unetymologisches *h* findet sich geschrieben in *heinz* 33;

holifaunt 112; *houstent* 304; *here* 221; *hounkes* 249; 321; 402; 443; 446; 459; *hounc* 518; weiter ist *h* erhalten in *heient* 33; *heit* 235; 236; 259; sonst aber regelmässige Formen. Diese Eigenthümlichkeit scheint dem Südosten zuzukommen (cf. Breuer: »Sprachliche Untersuchung des Girard de Rossillon« p. 38).

h. Die Verstösse gegen die Nominalflexion, welche im Inneren sehr häufig sind, dagegen im Reime verhältnissmässig selten begegnen, sind wohl auch dem Schreiber zuzuweisen, da sie sich meistens ganz leicht beseitigen lassen. Im Inneren finden sich: *chenaler* n. s. 487; 504; 542; *corn* n. s. 41; 313; 452; *deduit* n. s. 64; *checun* n. s. 448; 578; *soul* n. s. 464; *tous* n. pl. 104; 203; 314; *houme* n. s. 232; 471, welche beiden Fehler berichtigt sind, cf. »Metrum«; *pruz* obl. s. m. 96 etc.

Bei den Reimen sind folgende Verstösse zu verzeichnen:

Artu obl. : *emmu* part. prt. m. n. s. 115—16. Der Vers 116: *Fu pur le corn emmu* ist nicht recht klar, und *emmu* ist jedenfalls nicht eine Entstellung aus *emmeu* (cf. zu »Metrum« 221), da dann der Vers auch ein Siebensilbler sein würde; vielmehr klingt derselbe sehr an 106 an (cf. die ganze Stelle von 101--116), und man könnte 116 sehr leicht in folgender Weise emendiren: »pur le corn si muz fu«.

maufez obl. sg. : *comaundez* part. prt. n. s. 451—52; in 451 *Dient ki au maufez* wäre vielleicht für *au* »aus« einzusetzen, und die Flexion ist dann normal.

Artu obl. : *venu* part. prt. n. s. 553—54; für 554 *est il mout toust venu* wäre vielleicht zu lesen: »mout toust venuz il fu«.

houn obl. s. : *mesprisioun* obl. s. 321—22; für 322: *Hounkes ne oy parler houm* kann wohl auch emendirt werden: »Ounc ne oit parler houm«.

creu part. prt. n. s. : *leu* neutral 221—22; für 221 *si ieo here creü* könnte man wohl ebenso gut einsetzen: »s'il m'ert ore creü«.

seisi part. prt. obl. s. : *espaundi* part. pr. n. s. 417—18; für 418 *Sour lui est espaundi* kann auch gelesen werden: »Sour li il espaundi«, cf. 240; 243 und 313; 432.

plein obl. s. : *certein* n. s. 557—58; in 558 *Tout en seies certein* kann aber ebenso gut *certein* als n. pl. gefasst werden, indem man die Worte an alle Umstehenden gerichtet denkt.

riaunt Gerundium: *auenaunt* n. s. m. 119—20. Bei 120 *ki vallet auenaunt* scheint etwas zu fehlen; es wäre vielleicht zu emendiren: »Si cum est auenaunt«; cf. 156 *Ne estroit pas auenaunt.*

couenauns obl. s. m.: *talauns* obl. pl. 133—34; in 133 *Par .i. teus coucnauns* kann wohl gelesen werden: »Par iteus couenauns«.

Die folgenden Fälle beruhen nur auf Schreibarten und sind daher nichts beweisend:

harné n. s.: *assemblé* n. s. 171—72.

Gauwain n. s.: *Juwain* n. s. 301—2.

versé n. s.: *irré* n. s. 427—28.

puissaunt n. s.: *amiraunt* n. s. 527—28. Über *dones* part. prt. f. n. s. 359 etc. cf. oben bei den anglonormannischen Schreibarten Nr. 1.

Also auch die ziemlich regelmässige Flexion der Nomina könnte gegen den anglonormannischen Ursprung des »lai du corn« sprechen, da diese hier sehr frühzeitig verfällt (cf. Mall p. 100 fg., Vising p. 96; 100 und 103).

Über die Verbalflexion ist zu bemerken, dass die dritte Person sg. der Imperfecta der *a*-Conjugation auf *oit* gebildet ist, cf.: *oit*, aber diese Formen sind nicht beweisend, da sie nur unter sich gebunden erscheinen, im Inneren begegnet *manioyt* 18.

Das (in Folge der Emendationen) regelmässige Metrum und die Punkte a. und b. beweisen streng gegen den anglonormannischen Ursprung des »lai du corn«, und hierdurch gewinnen auch die Punkte c, d, e, f, g, h einige Bedeutung, doch muss erwähnt werden, dass die Bindungen *demoure*: *iure* 201—2 und *vermail*: *wessail* 545—46 anglonormannisch sind.

Über die anglonormannischen Bindungen von lat. ô und û cf. »Z. f. r. Ph.« II p. 343; Vising p. 71—72 und 83; Birkenhoff:

»Über Metrum und Reim der Brandan-Legende« p. 48, 50; 51;
doch sind solche Reime auch vereinzelt im Pikardischen vor-
handen (cf. hierüber Förster: »Aiol et Mirabel« p. XL und
Tobler: »li dis dou vrai aniel« p. XXI—XXII). Der Reim
demoure: *iure* unseres Gedichtes liesse sich vielleicht dadurch
beseitigen, dass man für *demoure* »endure« einsetzt, welches
dem Sinne nach gut passen würde (cf. die ganze Stelle von
194—210) und schon frühzeitig vorkommt (cf. »Ausgaben und
Abhandlungen I, Wörterbuch«); 201 würde dann gelautet haben:
»Li rois pas ne l'endure«.

Was *vermail*: *wessail* 545—46 angeht, so können diese
beiden Verse, ohne den Zusammenhang zu stören, fehlen, somit
als Einschiebsel des anglonormannischen Schreibers betrachtet
werden, zumal 545 *Plein fu du vin vermail* nur eine Wieder-
holung von 543 *Quant houm lauoit empli* ist. Diese beiden
Reime sind also nicht zwingend und wir daher berechtigt, die
erhaltene Fassung des »lai du corn« nur für eine anglonorman-
nische Umschrift eines in ostfranzösischer Sprache abgefassten
Originals anzusehen. Die Punkte c, d, e und f scheinen unser
Gedicht geradezu dem pikardischen Gebiete zuzuweisen, welche
Entscheidung allerdings durch Punkt g ein wenig beeinträchtigt
wird.

Rimarium *) des „lai du corn".

a.

-abet *prs.* : 188. 584.
  » *fut.* : 187. 232. ∞: 203. 239. 247.
471. 535.
-am : ja 58.
-avit *prt.* : 57. 231. 583. ∞: 109. 117.
165. 293. 369. 423. 453. 461. 465.
477. 517.

age.

-atioum *sbs. obl.* ∞: cumparage : barnage 27. vasilage 73. parage : outrage 391.

ai (ay).

-abeo *fut.* : 332. 566. ∞ : 141. 151.
159. 163. 285.
-avi *prt.* : 331. 565. ∞ : 351.

aille.

-*alliam *sbs.* : faille 426. *Eigenname* :
Cornwaile 425.

aigne.

-aniam *Eigenname* ∞ : Bretaingne :
Alemaingne 23.

ain (ein).

1) -anem *sbs. m.* : pain 99.
-anum *sbs. f.* : main 100. 185. 497.
  » *sbs. m.* : chapelein 186.
  » *adj.* : germain 344.

-*anum *Eigenname* : Gauwein 343.
498. ∞ : Gauuein : Juuein 175-6.
-*anum *Eigenname n.* ∞ : Gauwain :
Juwain 301-2.
2) -anam *adj. n.* : certein* 558.
-enum *adj.* : plain 557.

ains (eins).

-anus *sbs.* : chapeleins 219.
  » *adj.* : vilains 220. 308.
-*anus *Eigenname* : Juwains 307.

aire (eire, ere).

-acere *inf.* : fere 587.
-*agrum *adj. f. n.* : deboneire 538.

ais (eis).

-agis *adv.* : meis 170.
-atium *sbs. obl.* : paleis 169.

ait (eit?.

-abeat *prs. cj.* : heit 235.
-actum *part. prt.* : feit 236.

al.

-*alcum *sbs.* : senescal 95.
-alem *adj. f.* : leal 265. 507.
-allum *sbs.* : uassal 96.
-allum *adv.* : aual 266
- ? *Eigenname* : Galahal 508.

---

*) Die Verstösse gegen die Flexion der mit einem Sternchen versehenen Wörter lassen sich durch leichte Aenderungen beseitigen, cf. hierüber »Zur Bestimmung des Dialektes« unter h.

2*

ande (aunde).

-*andam *Eigenname* : Irlaunde 439.
∞ : Boillaunde 25.
-*andam *adj.* : graunde 244.
-andat *prs. cj.* : espaunde 243. 440.

ant (aunt).

-andem *adj. m.* : graunt 48.
-*andi *adj. m.* : graunt 486.
-andit *prs.* : espaunt 94.
-ando *gerundium* : eraunt 38; erraunt 111.
-*ando *gerundium* : riaunt 119. 155; queraunt 403.
-ante *adv.* : auaunt 93. 449.
-antem *sbs.* ∞ : enfaunt : geaunt 339.
-*antem *part. prs. m.* : coraunt 37.
» *substantivisch obl.* : uiuaunt 567.
-*antem *adj. m.* : uaillaunt 404.
» *adj. m. n.* : auenaunt* 120; puissaunt 527.
» *adj. neutral.* : auenaunt 156.
» *sbs.* : couenaunt 379.
» *sbs. m. n.* : amiraunt 528.
-*anti *sbs.* : enfaunt 568.
-antum *sbs.* : ollifaunt 47; holifaunt 112; olifaunt 485.
-entem *sbs. f.* : gent 380.
-*enti *adj.* : dolaunt 450.

anx (aunz, auns).

1) -antem + s *adj. m. n. s.* : auenaunz 502.
-*antes *adj. m. obl.* : riaunz 501.
2) -antem + s *sbs. m. obl. s.* : couenauns* 133.
-*entos *sbs.* : talauns 134.

as (ars).

-appos *sbs.* : dras 245. 328.

-*arcos *sbs.* : mars 246.
-arsum *part. perf. obl.* : ars 327.
-assum *sbs.* : pas 555.
-assum *adv.* : bas 556.

ast.

-asset *ipf. cj.* ∞ : 377. 445.

aus.

-*alous *sbs.* : seneschaus 287.
-alis *adj. f.* : loiaus 320.
-allus *adj. m.* : vassaus 319.
-*ellus *adj. m.* : espinus 289.

aut.

-altum *substantivisch* : haut 77. 121.
-*altum *sbs.* : bliaut 78.
-alvet *prs. cj.* : saut 122.

é (ée).

-atem *sbs. m.* : abbee 591.
» *sbs. f.* deleaute 250.
-ati *part. prt.* : iure 177.
-atum *part. prt.* : maunde 21; pensee 249.
» *part. prt. n.* : assemble 172.
∞ : vorse : irre 427.
» *part. prt. obl.* : assemble 124; esgarde 178; trouee 592.
-atum *sbs.* : barne 22.. 123. ∞ : clare : erbe 91.
» *sbs. n.* : barne 171.

ée (é, és).

-ata *sbs.* : fee 55. 229.
» *adj.* : senee 56.
-ata *part. perf.* : erree 230; ascemee 511. ∞ : desiree : celee 209 ; nee : espousee 309; done : benoure 389; donez : benourez 359.
-atam *sbs.* : derrée 259*); espee 347; fee 512.
» *part perf.* : coupee 348; espousee 260.

---

*) *denrée* wurde auch als Verstärkung der Negation verwandt, cf. Beispiele bei Littré; über andere solche Wörter s. Diez, Schweighäuser, Perle, Röschen.

ées.

-atas *part. perf. n.* : : assemblees 207.

 » *sbs. obl.* : countrees 208.

eil (ail).

-īculum *adj. m.* : vermail 545.

- ? (aus »hâl« abgel.): wessail: 546.

eille (aille).

-īcula *adj.* : vermaille 473.

-īculam *adj.* : paraille 16.

 » *sbs.* : oraille 195.

-īlia *sbs. f.* : meruaille 15.

-*īliam *sbs. f.* : meruaille 196. 474.

eir (er).

-ēre *inf.* : veer 587.

-ērum *substantivisch* : veir 588.

eirre.

-ēra *adj.* : veirre 255.

-ībere *inf.* : beiure 256.

eit.

-ēbat *ipf.* ∞ : teneit: diseit 5.

 » *condit.* ∞ : crerreit : honereit 455.

èl.

-ellum *sbs.* : anel 50. 173. 337.

 » *adj.* : bel 49. 174. 36.

-illum *sbs.* : dauncel 35. 338.

èle.

-ella *sbs.* : uiele 63. ∞ : femele : turturele 533.

-*ellam *sbs.* : esquiele 86. 98. 148.

-ellat *prs.* : chauncele 97; apele 147.

-*illam *sbs.* : pucele 64; damaisele 85.

èles.

-*illas *sbs. n.* ∞ : puccles : dammaiseles 13. 205.

endre.

-*endére *inf.* : pendre 399.

-īnerem *sbs. f.* : cendre 400.

ent (ens).

-endet *prs.* : pent 76.

-endit *prs.* : prent 75; tent 290; ∞ 143. 189.

-ente *adv.* : doucement 62. 482. 561.

-entem *partikel* : nent 385.

 » *substantivisch*: escient 397.

-entit *prs.* : dement 386.

-entum *sbs.* : argent 51. 183; piment 289; furment 398; mautalent 481.

-entum *zahlwort* : cent 52. 61. 562.

-*incum *sbs.* : chaunberlens 184.

èr.

-are *inf.* : escouter 66; blamer 317; ∞ escouter: parler 103-4; embracer: geter 325-6 (cf. *anglonormannische Schreibarten* No. 11). trainer: detreer 329-30.

-are *sbs. obl.* : mer 65.

-arum *adj.* : cler 318.

ère.

-aerere *inf.* : cunquere 251.

-erram *sbs.* : tere 198. 252.

 » *Eigenname* : Engeletere 197.

èrent.

-averunt *prt. pl.* :∞ 81. 273. 305. 581.

este.

-esta *sbs.* : ∞ feste: geste 9,

-estam *sbs.* : ∞ feste: teste 523.

 » : feste 586.

-*estram *Eigenname*: Cirinceitre 585.

estre.

-*estram *Eigenname* : Cirinceitre 509.

-istrum *substantivisch* : senestre 510.

et.

-*ettam *sbs.* : cniuet 304.

 » ? *Eigenname* : Giflet 303.

èz, ès.

-ansus *part. prt.* : remes 355.

-*atis *imper.* : emplez 284; enttendez 463; ∞ seez: beuez 149.

-*atis *prs. 2 pl.* : voles 225; beuez 522.

 » *fut. 2 pl.* : orrez 226; verrez 277; douterez 521; garderez 563.

-atos *part. prt.* : esproues 278. 564.
- ? *Eigenname* : Kez 283. cf. bei Metrum.
-atus *part. prt.* : ames 356; comaundez 452; gabbez 464. ∞ : cunreiez : assemez 161; armez : doutez 493.
-*atus *sbs. obl.* : maufez* 451.

àx.

-*ettos *sbs.* : abez. 590.
- ? *Eigenname* : Bikez 589.

i.

-(c)édem *sbs. f.* : merci 484. 574.
-édium *adj. obl.* : demi 544.
-ic *adv.* : ausi 126; issi 314.
-icum *obl.* : ami 394.
  » *voc.* : ami 529.
-*iti *part prt.* : esbai 101.
-itum *sbs. obl.* : oumbli 102; mari 393. 530.
-*itum *part. prt. obl.* : saisi 417; empli 543.
  » *prt. m. n. s.* : espaundi* 418.
-ivit *prt.* : oy 212; tressailli 552.
-*ivit *prt.* : esioy 211. 551; espaundi 313; respoundi 125. 483. 573. ∞ : 79. 215. 345.

ie.

-*ia *sbs.* : curteisie 20; vilenie 884.
-*iam *sbs.* : folie 311; vilenie 361.
-*iam *Eigenname* : Pauie 366. 470.
-ica *partikel* : mie 312. 365. 469.
-icam *sbs.* : amie 19.
-icam *prs. cj.* : die 200; dedie 383.
-ita *part. prt.* : oie 199.
-itam *sbs.* : oie 69; vie 362.
-*itat *prs. i.* : oubblie 70.

ié (é).

(c)atum *part. prt.* : mange 33. 577.

-(e)atum *sbs.* : ounge 578.
-(l)ati *part. prt.* : corouce 34.

iée (é).

-(o)ata *part. prt.* : venge 372.
-(i)atam *part. prt.* ∞ : sache : beis 479.
-aeta *adj. f.* : le 371.

ien (en).

-êne *adv.* : ben 432.
- ? *Eigenname* : Glouien 431.

ier (er).

-arii *sbs.* : cheualer 11. 83; esquie 158.
-arium *sbs.* : cheualer 407. 257. 15'
-*arium *Eigenname* : Mounpeller 25!
-(o)are *inf.* : manier 84.
  » *verbal sbs. obl.* : manger 1!
-(l)are *inf.* : bailler 408; preiser 57(
-êrem *sbs. f.* : mulier 569.

iers (ers).

-*arios *sbs.* : mainers 433.
- ? *Eigenname* : Kadoiners 43

iez (es).

-(l)atis *prs. cj.* : sachez 135.
-*(i)atis *prs. cj.* : voillez 136.
-*(i)atus *part prt.* : irrez 218. 231. 29
-aetus *adj.* : lez 217. 282. 539.
-êdas *sbs. obl.* : pez 295. 540.

in.

-(c)ênum *sbs. obl.* : reisin 396.
-inum *sbs. obl.* : vin 146. 395; mati 154. ∞ : veisin 375.
-inum *Eigenname* : Constentin 54.
-*inum *sbs.* : mazerin 89.
-*înum *adj.* : fin 53. 90. 145. 153.

ine.

-ina *sbs.* : reine 267. 323. 357. 387.
-*ina *sbs.* : meschine 358. 388.

-īnam *sbs.* : reine 300; espine 324;
∞ : veisine 515.
-*inam *sbs.* : peitrine 299.
» *adj.* : encline 268.

int.

-ēnit *prt.* : auint 1; uint 71.
-ēnuit *prt.* : tint 2. 72.

ir.

-*ire ∞ : retenir 353; tenir 409.

ire.

-ēnior *sbs. voc.* : sire 405.
-*idere *inf.* : rire 460.
-īram *sbs.* : ire 406. 459.

is.

-ejus *neutral.* : pis 297. 382.
-ē(n)sus *part. prt.* : pris 298. 350.
-ētium *sbs. obl.* : pris 242.
-īcos *sbs.* : amis 275.
-īcus *sbs. voc.* : amis 520.
-isum *sbs.* : uis 575.
-*īsum *part. prt. obl.* : mis 241. 519.
-isus *sbs. obl. pl.* : ris 276.
» *part. prt. n.* : oscis 349.
-*isus *part. prt. n.* : asis 576.
-īvus *adj.* : uiffs 381.

ises.

-*īsas *part. prt.* : assises 43.
» *part. prt. n.* : mises 44.

ist.

-*ē(n)sit *prt.* : prist 291. 487.
-*exit *prt.* : list 191.
-isit *prt.* : rist 192. 488; mist 292.

it (ist).

-ibit *prs.* : escrit 262.
-iptum *part. prt. obl.* : escrit 223.
-*ittum *neutral. obl.* : petit 128.
-ixit *prt.* : dist 127. 224. 261.

ite.

-iptam *part. prt.* : escrite 4.
-*ittam *adj.* : quite 3.

ôce-ôrce.

- : Eigenname Escoce 421.
-ortiam *sbs.* : force 422.

oi (oy).

-ē *pronom.* : moi 194.
-ēb(e)o *prs.* : doi 467.
-ēgem *sbs.* : roy 193.
-*ēgi *sbs. n. pl.* : roi 107.
-ēti *adj. n. pl.* : coi 108.
-ideo *prs.* : voi 468.

oient.

-ēbant *ipf.* ∞ : 271.

oines.

-*ōnias *sbs.* : calcedoines 46.
-*ōnichas *sbs.* : sardoines 45.

oire (ure).

-ōreum *sbs.* : iueure 41.
-*ōreum *sbs.* : trifure 42.

ois.

-*ēdios *sbs.* : cunrois 114.
-ōges *sbs. obl.* : rois 113.
-*-ē(n)sem : gabbois 491.
-ē(n)sis *adj.* : curtois 130. 188. 492.
560.
-ēs *zahlwort* : trois 401.
-ex *sbs.* : rois 129. 137. 402. 539.

oit.

-ēbat *condit.* : ferroit 59.
» *ipf.* : auoit 490.
-*ēbat *ipf.* : estoit 489. ∞ : versoit:
irroit (irrier) 447.
-igitum *sbs.* : doit 60.

oiz.

-ēctos *adj.* : droiz 503.
-ēctus *adj.* : adrois 504. ∞ : adrois 541.

ome (oume).

-ŏmam *Eigenname* : Roume 364.
-ŏminem *sbs.* : houme 363.

on (oun, un).

-ōmen *sbs. obl.* ∞ : noun 505. ·
-ŏmo *sbs.*: houm 67; *pron.* : oun 593·
  » *sbs. obl.* : houm* 321.
-ŏnem *sbs. m.*: peoun 68; baroun 443.
  ∞ : cschanun 87 ; encheisoun 335.
-ŏnem *sbs. f.* : soluscioun 29; mes-
  prisioun 322; treisoun 342.
-ŏnem *adj. m.* : feloun 341.
-*ōnem *adv.*: enviroun 180. 270. 444.
-*ŏnem : *Eigenname* Karlioun 30. 594.
-*ŏni *sbs.* : baroun 179. 269.

one (oune).

-ŏnam *sbs.* : goune 532.
-*ōnam *Eigenname* : Sinadoune 415.
-ōnat *prs.* : donne 416.
-onna *sbs.* : noune 531.

ons, onz (ouns, ouns).

-*ondos *adj.*: blouns 499; blounz 228.
-*ōnes *sbs. obl. m.* : gernouns 437. 500.
  - ? *Eigenname* : Mangounz 227;
  Curatouns 438.

ont (ount).

-*abunt *prs.* : ount 315.
  » *fut.* : beuerount 316 ∞ : 213·
411.
-adunt *prs.* : reucount 579.
-unt *prs.* : sount 580.

onte (ounte).

-*aunitam *sbs.* : hounte 368. 414.
-ŏmitem *sbs.* : counte 367.
-*ŏmiti *sbs.* : counte 413.

ontes (ountes).

-*annitas *sbs.* : hountes 442.
-ōmites *sbs. obl.* : countes 441.

ŏr (our).

-ŏrem *adj. m.* : meillour 254.
  » *sbs.* : seignour 253. ∞ : 525.
-*ŏri *adj* : menour 32.
-arnum *sbs. obl.* : iour 31.

ŏr (orn).

-aurum *sbs. obl.* : or 40. 140. 182.
  572; tresor 132.
-ornu *sbs. obl.*: cor 39. 131. 139. 571;
  corn 181.

ŏrs, ŏs.

1) -*auros *adj.* : sors 514.
-*ornus *sbs.* : corns 334. 430.
-orpus *sbs. obl.* : cors 333. 513.
- ? *Eigenname* : Gohers 429. cf.
  unter Metrum und Reime.
2) -ŏris *adv.* : hors 550.
-essus *adj.* : gros 549.

ŏse.

-*ausat *prs.* : ose 475.
-ŏsa *sbs.* : rose 476.

ot.

-ottum *adj.* : sot 436.
- ? *Eigenname* : Lot 435.

ouche.

-uccam *sbs.* : bouche 547.
-*ucoat *prs.* : touche 548.

oure-ure.

-*ŏrat *prs.* : demoure 201 (demere).
-ūrat *prs.* : jure 202.

oun.

-ollis *adj.* : fous 233.
-ŏsos *adj.* : gelous 279.
-ŏsus *adj.* : gelous 234.
-ŭcos *adj.* : cous 280.

ouse.

-ŏ(n)sam *sbs.* : espouse 17.
-*ŏsam *sbs.* : touse 18.

ouste.

-ō(n)stat *prs.* : couste 7.
-östam *sbs.* : pentecouste 8.

u.

-°urum *Eigenname*: Artu 115. 495. 553.
-utum *sbs. obl.* : escu 496.
-°utum *part. prt. n. s.* : emmu° 116;
  cru° 211; venu° 554.
-°utum *part. prt. neutral.* : lu 222.

ut.

-üio *pronom.* ∞ : lui 237.

us (urs).

-°ūrus *Eigenname* : Arzurs 373.
-üs : plus 374.

uz (urs).

-°ārus *Eigenname* : Artus 457; Ar-
  zurs 105.
-útus *part. prt.* : muz 106; seguz 168.
-°ütus *part. prt.* : issuz 167; espaun-
  duz 420. 458.
-°ūtus *Eigenname* : Muz 419.

II. Le fabliau du mantel mautaillié.

A. Metrum.

Dieses Gedicht ist in achtsilbigen Reimpaaren abgefasst, und es finden sich nur sehr wenige Unregelmässigkeiten.

1) Vers 60 »Ainz fist toutes vois samblant« ist ein Siebensilbler, aber *vois* ist wahrscheinlich nur ein Druckfehler, denn in dem bei Wolf p. 342 fg. abgedruckten Texte heisst es regelmässig *voies*, welche Form sich auch weiter 670 in unserem Abdrucke findet.

2) Fasst man 104 *anual* zweisilbig, so ist der Vers ein regelrechter Achtsilbler. (*anual* hat in altfranzösischen Gedichten öfter zweisilbige Geltung, cf. hierüber Mall, »Computus« p. 50 und 54; Roman. Stud. IV p. 591; Roland 2860 etc.)

Der Hiat ist ziemlich häufig vorhanden:

1) nach der Conjunktion *que* 89. 92. 106. 152. 256. 257. 275. 279. 283. 293. 350. 436. 476. 481. 681. 712. 724. 738. 769. 806. 812. 821.

2) nach dem Relativum *que* 289. 329. 599.

3) nach *je* 105. 791. 793.

4) nach *se* = lat. *si* 280. 591. 816.

5) nach *ne* = lat. *nec* 559. Ueber diese Fälle cf. Tobler, »Versbau« p. 45. Sonst findet bei diesen Wörtern immer Elision statt; ebenso scheinbar einmal bei *li* 640, Dativ des Pronomens vor *en* stehend; nach *li* als Artikel n. sg. tritt keine Elision ein. cf. 515. 677. 679. 690. 698. Anlehnung findet statt in *nel* 59. 393. 563. 589. 820, el (= *en lo*) 16. 199. 508 (cf. hierüber »l. d. c.« unter Metrum v. 469).

Ueber die Reime ist folgendes zu bemerken:

1) *riche:devise* 31—32 sind nur eine Assonanz, Hs. *C* (p. 291) bietet »De dras de soie noire et bise« und *D* hat »De

drax de soie ovré à guise«; vielleicht wäre, um den Reim her-
zustellen, in 31 »De molt bone soie et de riche« für *riche*
»*bise*« aus *C* einzusetzen.

2) *yglise:service* 73—74; solche Bindungen begegnen sehr
häufig, cf. »Oeuvres complètes de Rutebeuf« Ausgabe von Jubinal:
eglise:service II[1] p. 130, 19—20, ebenso p. 161, 26—27 etc.;
service ist später als *servise* und begegnet meistens in pikar-
dischen Texten, cf. Förster »Cligés« p. LVII.

3) *volt:ot* 55—6; *l* wurde jedenfalls sehr schwach artikulirt,
cf. über ähnliche Bindungen Förster »Cliges« p. LXVIII.

4) *s* ist in einigen Reimpaaren vor *t* verstummt, cf.: *ist:it.*
Ueber Verstummen des *s* vor Consonanten cf. Förster »li che-
valiers as deus espées« p. LI und LII; Roman. Stud. IV, 602
und 604—5; Settegast, »Benoit de St. More« p. 10.

Sonst sind die Reime regelmässig.

B. Zur Bestimmung des Dialektes.

Das »fabliau du mantel mautaillié« scheint in centralfranzö-
sischer Sprache abgefasst zu sein, doch sind einige pikardische
Schreibarten vorhanden.

I. Pikardische Schreibarten.

1) erscheint die Endung *te* statt *iée* in drei indifferenten
Reimpaaren, cf.: *iée*, aber dieser Lautvorgang kommt auch in
Lothringen etc. vereinzelt vor (über diese Erscheinung cf. Suchier
»Aucassin und Nicolete« p. 65; Förster »Aiol et Mirabel«
p. XXXIV; »Lyoner Yzopet« p. XXVII).

2) ist *t + s* öfter durch *s* und nicht durch *s* bezeichnet
(cf. hierüber »l. d. c.« unter c); im Reime findet sich *Girflès*:
vallès 599—600, aber diese Bindung ist nicht beweisend, da
für den Eigennamen *Girflès* auch die Form *Girflet* n. s.
632 und *Girfles* ebenda in Hs. *A* begegnet. Im Inneren er-
scheinen dann noch: *vallès* 119. 122. 137. 153. 327. 362. 722 etc.
.... *jarès* 407; *descouvers* part. prt. n. s. 631.

3) *solaz-Briebas* 777-8 auch nicht beweisend in Folge des Eigennamens.

4) findet sich einmal die Form *seut* 702, welche besonders dem pikardischen Dialekte eigenthümlich ist (cf. Suchier, »Aucassin« etc. p. 65); im Reime immer *ot* bei den ebenso gebildeten Perfekten, cf.: *ot.*

5) ist vereinzelt *g* für zu erwartendes *j* geschrieben (cf. hierüber Suchier »Aucassin« etc. p. 61); *g'irai* 761, daneben aber *j'ai* 167. 700. 730 etc.; *geu* 692 für *jeu*; *juga* 703.

6) *cis* n. s. m. 716 ist auch eine pikardische Form (cf. Suchier »Aucassin« etc. p. 67).

7) *conseus* 716 n. s. scheint auch eine pikardische Form zu sein (cf. Suchier »Aucassin et Nicolete« p. 84 und über *ls* und *ns* Schuchhardt, Romania III p. 285—6).

8) über *service* 74 cf. Reime No. 2.

Alle diese Schreibarten beweisen nichts für den pikardischen Ursprung unseres Denkmales, da sie sich sämmtlich ohne weiteres in andere dialektische Formen und Reime umschreiben lassen.

II. Für den Dialekt des »fabliau du mantel mautaillié« beweisende Fälle.

A) *ié* ist streng von *é* geschieden, cf.: *ié, ier, iere, ieres, iers, ies* und *ien* und dazu cf.: *é, ée, ées, er, es,* allerdings erscheint gebunden *crier:bacheler* 13—14, aber dieser Reim ist nicht widersprechend, da *bacheler* die regelrechte und *bachelier* nur Nebenform ist (cf. Roman. Stud. I p. 607). Diese Scheidung von *ié* und *é* spricht gegen anglonormannischen Ursprung des f. d. m. m. (cf. Bemerkungen bei »lai du corn« unter a).

B) *a* vor complicirtem Nasal ist häufig gebunden mit *e* in gleicher Stellung, cf.: *ant : ent.* Diese Mischung von *ent* und *ant* beweist auch gegen normannische Herkunft des f. d. m. m. (cf. Bemerkungen bei »lai du corn« unter b).

C) lat. *t + s* und *d + s* sind streng von lat. *s* geschieden, mit Ausnahme der oben unter pikardischen Schreibarten No. 3 angeführten nichts beweisenden Fälle, cf.: *es, ies, is, us* und dazu *ais, ains, as, aus, ées, eles, ès, ieres, ieus (iex), is, ois, órs, òrs, ous, ues, ures, us*. Die Scheidung von' *s* und *z* ist ein Kennzeichen gegen die pikardische Herkunft des f. d. m. m. (cf. Bemerkungen bei »l. d. c.« unter c).

D) Die Imperfekta der *a*-Conjugation sind durchgängig auf *oit* gebildet und mit denjenigen der anderen Conjugationen gebunden, cf.: *oit*; dieser Umstand spricht wieder dagegen, dass das f. d. m. m. dem anglonormannischen oder normannischen Gebiete angehört, da dort die Imperfekta der *a*-Conjugation die Endungen *oue, oues, out, .. ouent* zeigen (cf. hierüber Mall p. 65 fg. und p. 110; Birkenhoff »Brandanlegende« p. 48 u. 93). Ueber Bildung der Imperfekta der *a*-Conjugation auf *oie* cf. Fleck »Der betonte Vocalismus einiger altostfranzösischer Sprachdenkmäler« p. 24; Förster »li chevaliers as dous espees« p. XXXIX; Breuer »Sprachliche Untersuchung de Girard de Rossillon« p. 41; Apfelstedt »Lothringer Psalter« p. LIX. Ebenso verhalten sich in Bezug hierauf Ile de France und Champagne.

E) Es reimen *sachoiz* 2 pers. pl. prs. cj. — *foiz* 171—2. Aehnliche Formen und Bindungen gehören der Champagne und besonders Ile de France an, cf. hierüber Förster »Cligés« p. LXIV und Melzke »Herrigs Archiv« Bd. 65 p. 64 *).

Aus den Reimen ergeben sich weiter keine Anhaltspunkte zur Bestimmung des Dialektes, doch scheinen verschiedene Schreibarten (wie *poi* 484. 518. 532. 750, bei Chrestien de Troies *pò*; *part* für *pert* (*perdit*) 800 und Bezeichnungen von lat. *ō* und *ŭ* zuweilen durch *ou*, cf.: *ous, ousse, ousle, out*, im Inneren ebenso *vous* 5. 32, *nous* 114. *estrous* 242, *espousée* 710, *sourrist* 102, *tout* 112. 140. 163, *toutes* 162 etc.; *ouvrage* 196. 329 etc., bei Chrestien immer *o* geschrieben) das »fabliau du mantel mautaillié« Ile de France und nicht der Champagne zuzuweisen (cf. über diese Schreibungen Melzke »Herrigs Archiv« Bd. 65 p. 18, Bd. 64 p. 392 und die Erörterungen über *o, ou, eu* p. 406—411 und dazu Förster »Cligés« p. LVII).

---

*) Der Osten und Westen sind also hierdurch für den Ursprung des f. d. m. m. ausgeschlossen.

Rimarium *) des mantel mautaillié.

a.

-abet *prs.* : 101. 203. 784.
  » *fut.* : 204. 271. 360. 429. 482.
539. 558. 704. ∞ : 257. 275: 723.
-ac *adv.* : là 297.
-am *adv.* : ja 114.
-at *prs.* : estn 298.
-avit *prt.* : 102. 113. 272. 359. 430.
481. 540. 557. 703. 783. ∞ : 139. 307.
331. 405. 449. 457. 501. 747.

age.

-aticum *sbs.* ∞ : hontage 181.

at.

-abeo *fut.* ∞ : 177. 363.

aingne.

-aniam *Eigenname* ∞ : Espaingne :
Alemaingne 51.

ain.

-ani *adj.* : vilain 443.
-anum *sbs. f.* : main 485.
-*anum *Eigenname* : Gavain 444. 565;
Yvain 486.
-Yno *prs.* : amain 566.

ainent.

-*oenant *prs.* : painent 344.
-Ynant *prs.* : demainent 343.

ains.

-*an(a)ges (*ahd.* manag) *adj. f. w
pl.* : mains 739.
-*anus *Eigenname* : Gavains 740.

aint.

-angit *prs.* : ataint 287.
-ingit *prs.* : taint 288.

ais (ès).

-agis *adv.* : mès 686.
-ascem *sbs. m.* : fès 685.

ait (et).

-actum *part. prt. obl.* : fet 193. 714.
  » *sbs.* : portret 194. 252.
  » *part. prt.* : fet 309.
  » *part. prt. n.* : fet 251; retret 310
  » *sbs. n.* : mesfet 713.

al.

-*alcum *sbs. voc.* : seneschal 103.
-alem *adj. f.* : anual 104.

amble.

-*emulat *prs.* : tramble 552.
-Ymul *adv.* : ensamble 551.

ance.

-anciam *Eigenname* : France 792.
-antiam *sbs.* : doutance 791.

---

*) Bei den mit einem Sternchen versehenen Wörtern bieten die übrigen Handschriften andere Lesarten.

ande.

-andat *prs.* ∞ : mande 241.

ant.

1) -andem *sbs.* : grant 300.
>   *adj. f. n.* : grant 334.
>   *adj. f. obl.* : grant 743.

-ando *prs.* : demant 601.
-ando *gerund.* : contant 19.
-*ando *gerund.* : 59. 115. 336. 569. 847. ∞ : 475. 665.
-andum *adj.* : ferrant 116.
>   *sbs.* : auferrant 126.

-anito *prs.* : vant 380.
-ante *adv.* : avant 299. 387. 879. 428. 597. 744. ∞ : 407.
-antem *sbs. m.* : samblant 60. 333.
>   *sbs. m.* : semblant 848.

-antem *part. prs. f.* : lavant 236.
-*antem *sbs.* : couvenant 602.
>   *part. prs. m. n.* : seant 427.
>   *adv.* : maintenant 125. 235. 570. 633.

-*anti *part. prs. m.* : pendant 634.
-antum *neutral.* : tant 20.
>   *adv.* : atant 598.

2) ant - ent.

-*ando *gerund.* : sorriant 420.
-antem *sbs. m.* : semblant 513.
-*antem *adv.* : maintenant 214.
-antum *adv.* : tant 618.
-endet *prs.* : pant 514.
-ente *adv.* : isnelemant 213; lentement 614.
-entem *sbs. f.* : gent 419.

ars.

-arsus *part. prt.* : ars 279.
-*arcos (*ahd.* maro) *sbs.* : mars 280.

art.

-arde *adv.* : tart 732.
-artem *sbs. f.* : part 731.

as.

-appes *sbs.* : dras 519.
-*assi (*altnord.* gabb) *sbs.* : gas 684.
-*assum *sbs.* : trespas 477.
-assum *sbs.* : pas 520.
>   *partikel* : pas 478. 529. 683.
- ? *Eigenname f. obl.* : Venchis 580.

ast.

-asset *ipf. cj.* ∞ : aresonast 847.

aus.

-*alous *sbs.* : seneschaus 143. 315. 413. 466. 610. 717. 799.
-alis *adj. f.* : loiaus 316. 465. 609; desleaus 414.
-alis *adj. f. obl.* : desloiaus* 800.
-allus *sbs.* : chevaus 144.
-*alos *sbs.* : maus 718.
-*ellos *sbs.* : oisiaus 489 ∞ : 39.
-*ellus *sbs.* : mantiaus 490.

aut.

-allet *prs. cj.* : aut 745.
-altum *adverbial.* : saut 746.

az.

-acie *prs.* : fas 132.
-*acies *sbs.* : bras 131.
-atium *sbs. obl.* : solas 777.
- ? *Eigenname n.* : Briebas 778.

é.

-atem *sbs. f.* : plenté *187. — 163. 255. 322. 326. 640. 645. 772. 782 ∞ : 5. 898.
-ati *part. prt.* : alé 80. ∞ : assamblé 71.
-atum *sbs.* : gré 402. 586 ∞ : gré 515.
-atum *part. prt.* : 57. 163. 202. 256. 274. 812. 321. 325. 771. 781. 823. ∞ : 289. 581.
-atum *part. prt. neutral.* : torné 401.
-atum *part. prt. n.* : ontré* 122; atorné 646. ∞ : 173.

-atum *part. prt. obl.* : 58. 164. 201.
273. 311. 585. 639. 824. ∞ : 233.
335. 365. 525. 833.
-*atum *part. prt. n.* : finé 79; veé 184.

ée.

-ata *sbs.* : assemblée 660.
» *part. prt.* : 63. 220. 474. 709.
729. 735. ∞ : 447.
-atam *sbs.* : 219. 263. 328. 355. 730.
736.
-atam *part. prt.* : 64. 264. 327. 356.
473. 659. 710. ∞ : 763.

ées.

-atas *part. prt. n.* : 25. 687. ∞ : 267.
-atas *part. prt. obl.* : 26. 688. ∞ : 81.

eille.

-ïculam *adj.* : pareille 198.
-*ïliam *sbs.* : merveille 197.

el.

-elli *sbs.* : coutel 87; jovencel 555.
-ellum *adv.* : bel 88. 462.
» *sbs.* : mantel 127. 191. 223.
248. 556. 780.
» *adj.* : bel 192. 224.
» *sbs. n.* : mantel 461.
» *adj. n* : bel 128.
-*illum *sbs. n.* : dansel 247.
» *sbs. obl.* : damoisel 779.

ele.

-ella *adj.* : novele 93. 754; bele 176.
560. 661.
-ellam *sbs.* : novele 218.
-ellat *prs.* : apele 94.
-*illa *sbs.* : damoisele 175. 662.
-*illam *sbs.* : pucele 217; damoisele 559.
» *sbs. voc.* : pucele 753.

èles.

-ellas *adj. n.* : beles 150. 246.
-ellas *adj. obl.* : beles 202. ∞ : 49.
» *sbs. obl.* : noveles 149.
-*illas *sbs. obl.* : damoiseles 245. 261.

endre.

-endere *inf.* : entendre 36. 357. ∞ : 45.
-*endere *inf.* : rendre 35. 358.

ent.

-endet *prs.* : pent 282. 324. 454. 624.
-endit *prs.* : prent 281. 404. 453. 500.
580. 623.
-oeniteo *prs.* : repent 616.
-ente *adv.* : 15. 323. 391. 499. 579.
615. 788. 803. 837. ∞ : 227.
-entem *sbs. obl* : noient 701. 712. 787.
» *sbs. f.* : gent 702.
-*entum *sbs. obl.* : talent 403.
» *zahlwort* : cent 392. 804.
-*entam *sbs.* : commandement 16.
» *sbs.* : contement 676.
» *sbs.* : garnement 838.
» *sbs. n.* : jugement 711.
» *adj. obl.* : dolent 675.

ér.

-are *inf.* : 13. 383. 409. 439. ∞ : 83.
37. 43. 47. 75. 157. 195. 216. 225.
371. 393. 451. 547. 617. 621. 643.
689. 697. 725. 813. 819.
-arem *sbs. f.* : per 384. 410 *).
-*ari *sbs.* : bacheler 14.
- (?) *Eigenname* : Lorer 440.

érent.

-averunt *prt. pl.* ∞ : trainerent 627;
afublerent 667.

èrre.

-erram *sbs.* : terre 221. 456. 571. 626. 627

---

*) cf. Tobler Z. f. r. Ph. V. p. 196.

-**aerere** *inf.* : requerre 222; querre 455. 572. 625. 828.

ért.
-**aret** *prs.* : pert 650.
-**erat** *ipf.* : ert 619.

èrt.
-**erdit** *prs.* : pert* 794.
-**ertum** *adj. n.* : cert* 793.

èn.
-**essum** *adr.* : aprèa 302. 587.
-*****essus** *adj.* : engrès 588.
  » *adj.* : mauvès 716.
- (?) *Eigenname* : Arès 301. 715.

éz.
-**atis** *imper.* : moustrez 146
*-**atis** *prs.* : querez 145; prenez 536.
-**atus** *adj.* : membrez 123.
  » *part. prt.* : apelez 535.
  » *part. prt. obl.* : desfublez* 121.

èz (ès).
-*****ettus** *sbs.* : vallès 600.
- (?- *Eigenname* : Girflès 599.

í.
-**(c)ëdem** *sbs. f.* : merci 467. 541. 722.
-**ic** *pron. f. disj.* : li 83.
-**ic** *adc.* : autressi 205; issi 512; ci 721.
-**ico** *prs.* : di 479.
-**icum** *sbs.* : ami 206; ami* 706.
-**iti** *part. prt.* : garni 84.
-**itum** *part. prt. n.* : escharni 468; marri* 480; honi* 705.
  » *part. prt. obl.* parti 692.
-*****ivit** *prt.* respondi 691. ∞ : descouvri 459; esbahi 809.

íe.
-**(c)ëdat** *prs.* : mercie 186. 568. 811.
-*****ia** *sbs.* : vilonie 664.
-**iam** *sbs.* : compaignie 18. 141. 185. 320. 484. 532. 567. 663. 680. 836.

-**ica** *partikel* : mie 319. 396. 679. 786.
-**ioam** *sbs.* : amie 17. 378. 483. 531.
  » *vocat.* : 785.
-**icat** *prn. cj.* : benele 142; desdie 845.
-**icat** *prs. i.* : senefie 395; otrie 842.
-**idiam** *sbs.* : envie 846.
-**itam** *sbs. f.* : vie 377. 835.

íé.
-**aetum** *adj. n.* : lié 412.
-**(e)atum** *sbs.* : congié 821.
-**(i)atum** *part. prt. obl.* : proisié 822.
-**(iet)atem** *sbs. f.* : pitié 411.

íée (ic).
-*****(i)ata** *part. prt.* : irié 522; mucie-proisie 727-8; mucie-deshaitie 749-50.
-**(icul)ata** *part. prt.* : apareillie 521.

íen.
-**ëm** *sbs. f.* : rien 179.
-**ëne** *adc.* : bien 180.

íer.
-**arii** *sbs.* : escuier 68; doublier 86; chevalier 554.
-**ariam** *sbs.* : dangier 438. 583. 620; chevalier 673. ∞ : chevalier 53.
  » *sbs. n.* ∞ : chevalier 719.
-*****(c)are** *inf.* : delaier 243. 619.
-**(c)are** *inf.* : couchier 67.
  » *inf.* : mengier 85. 244. 584.
-*****rem** *sbs. f.* · moil ier 674.
-*****rium** *sbs.* : mestier 437. 699.
-**(i)are** *inf.* : reprovier 700.
-**(i)ari** *inf.* : conseillier 553.

íere.
-*****ariam** *adj. f.* : pleniere 7.
  » *sbs. f.* : maniere 8. 651. 733; aumosniere 190. ∞ : 575.
-**(c)aram** *sbs. f.* : chiere 189.
-**ëdram** *sbs. f.* : chaiere 155.
-**ëtro** *adr.* : arriere 156. 652. 734.

teres.

-*arias *sbs.* : manieres 29.
-(o)aras *adj.* : chieres 30.

tern.

-arie ÷ s *adv.* : volentiers 817.
-arius *sbs.* : chevaliers 818.

teus (iex).

-élius *adv.* : miex 561.
-öculos *sbs.* : iex 562.

ieve.

-ëvat *prs.* : lieve 517.
-*ëvat *prs.* : grieve 519.

tez.

-aetus *adj.* : liez 770. 801. 831.
-*(e)atus *part. prt.* : tailliez 635.
-(i)atis *imper.* : sachiez 832.
-*(i)atus *adj.*; iriez 769; corouciez 802.
  » *part. prt.* : moilliez 636.

il.

-ilem *adj. m.* : gentil* 488.
-ilium *sbs. n.* : fil* 487.

in.

-inem *sbs.* : fin 537.
-inum *sbs.* : matin 805.
-*inum *adj.* : enterin 538; fin 606.

ine.

-ina *sbs.* : Roïne 305.
-inam *sbs.* : Roïne 229.
-*inam *sbs.* : meschine 230. 306.

int.

-ünit *prt.* : avint 1. 10.
-ënuit *prt.* : tint 2. 9.

ir.

-(o)ère *verbalsbs. obl.* : plesir 591.
-ire *inf.* : departir 28. 231. 418. 422. 637.
-*ire *inf.* : esjoïr 27. 232. 417. 421. 592. 638. ∞ : 373. 399.

ire.

-ëgere *inf.* : eslire 22. 693.
-ëjor *superl. f.* : pire 694.
-*ëjori *compar. m.* : pire 708.
-icere *inf.* : dire 21. 605. 655. 707.
-iram *sbs.* : ire 606. 656.

is.

-ë(n)sum *part. prt.* : mespris 642. 775.
-icos *sbs. n.* : amis 595.
-ious *sbs. voc.* : amis 154.
  » *sbs. n.* : amis 830.
-*isium *Eigenname obl.* : Paris 776.
-isum *sbs.* : vis 129. 291. 472.
-*isum *sbs.* : avis 471.
  » *part. prt. obl.* : asvis 130; quis 153; mis 441; promis 603. ∞ : quis 167.
-*isus *part. prt.* : mis 596.
-*isus *sbs.* : avis 292. 442. 641. 795. 829.
-*ivos *adj. n.* : pensvis* 604.
-ivus *adj.* : vis 796.

ise.

1) -*isa *part. prt.* ∞ : assise 797.
-*isam *sbs.* : guise 654.
-*isat *prs.* : devise 653.
2) -*icam *(ahd. richi) adj.* : riche 31.
-*isam *sbs.* : devise 32.
3) -ësiam *sbs.* : yglise 73.
-itium *sbs. obl.* : service 74.

isne.

-issem *ipf. cj.* ∞ : asseïsse 105.

ist (it).

-ëoit *prt.* : fist 353.
-*ë(n)sit *prt.* : prist 670; mesprit 350. ∞ : prist 121.
-*essit *prt.* : sist 669.
-isset *ipf. cj.* : vousist 349. 354. ∞ : asseïst 91; vousist 375.

1st - it.

-ecit *prt.* : fist 42. 329.
-isset *ipf. cj.* : partist 681.
-ixit *prt.* : dist 752.
-ectum *sbs. obl.* : lit 751.
-ictum *part. prt.* : dit 330. 682.
-idit *prt.* : vit 11.

it.

-ictum *part. prt. obl.* : maudit 527.
   »   *part. prt.* : dit 211. 318. 388.
         504. 528.
   »   *part. prt. n.* ∞ : maudit 435.
   »   *sbs. obl.* : contredit 367.
-idit *prt.* : vit 219.
-iptum *part. prt. obl.* : descrit 212.
-*ittum *sbs.* : samit 250.
   »   *neutral.* : petit 317. 503.

ite.

-icta *part. prt.* : dite 4.
-*ittam *adj.* : quite 3.

ites.

-icitis *imper.* : dites 589.
-*ittas *adj.* : quites 590.

iz.

*ictos *sbs.* : diz 136. 496.
-*itos *part. prt.* : voutiz 135.
-*ittus *adj.* : petiz 495.

oevre.

-öperam *sbs.* : ocvre 199.
-öperit *prs.* : descuevre 200.

oi.

-eb(e)o *prs.* : doi 148.
*edium (*ahd. gereiten*) *sbs.* : conroi 260.
-egem *sbs.* : roi 147. 259. 657.
-id *relativpron.* : qoi 470.
-idem *sbs. f.* : foi 340.
-id(e)o *prs.* : voi 469.
- (?) *Eigenname n.* : Koi 339; Qoi
    655.

oie.

-*audiam *sbs.* : joie 151.
-audiat *prs. cj.* : oie 152.
-*ebam *ipf.* ∞ : hastoie-doutoie 611-12.
-eb(e)at *prs. cj.* : doie 523.
-etam *sbs.* : soie 524.
-*iat *prs.* : convoie 564.
-id(e)at *prs. cj.* : voie 563.

oient.

-icant *prs.* : otroient 594.
-ident *prs.* : voient 593.

oingne.

-*onia *sbs.* : besoingne 577.
-*oniam *sbs.* : essoingno 578.

oir.

-ere *verbalsbs. obl.* : avoir 416. 431.
    790. 839.
-ere *inf.* : messeoir 415. 432. 493. 512.
    840.
-*ere *inf.* : savoir 494. 511. 742. 789.
-ere *inf.* ∞ : 303. 647. 671. 757. 807.
-erum *substantivisch* : voir 741.

ois.

-*e(n)sem *adj. m.* : galois 534.
-ex *sbs.* : rois 573.
-ipsum *adv.* : demanois 533. 574.

oise.

-*e(n)sa *adj.* : cortoise 445.
-e(n)sam *adj.* : cortoise 23.
-e(n)sat *prs.* : poise 24. 446.

oit.

-ebat *ipf.* : voloit 96; scoit 607.
-*ebat *ipf.* : cuidoit 608; estoit 631.
    »   *ipf.* ∞ : apareilloit 237; re-
    gardoit 677.
-ebat *condit.* : auroit 187. ∞ : oste-
    roit 295.
-ebet *prs.* : doit 95. 99.

-ĕctum *adv.* : orendroit 100. 166; droit 208. ∞ : 761.
-ĕctum *sbs.* : endroit 207; droit 362.
-édit *prs.* : croit 505.
-*iat *prs. cj.* : soit 165. 188. 361.
-Xoitum *sbs.* : esploit 111.
-ĩdet *prs.* : voit 112. 546. 632.
-ipit *prs.* : deçoit 506; aperçoit 545.

oiz.

-*etis *prs. cj.* : sachoiz 171.
-icem *sbs. f.* : foiz 172.

on.

-*amus *prs.* : savon* 811.
-ŏmo *sbs. obl.* : preudon 812.
-on *partikel* : non 629 850.
-onem *sbs. m.* : crepon 630; baron 841. 819.
-ŏnem *sbs. f.* : reson 843. ∞ : reson 369.

onc.

-ongum *adj. n.* : lonc* 293.
-uncum *sbx.* : jonc* 294.

onc.

-ŏnam *sbs.* : nonne 97.
-*onat *prs.* : arresone 98.

ons.

-ŏnes *sbs. obl. m.* : barons 313.
  » *sbs. n. m.* : barons* 825.
-ongus *adj.* : lons 314. 826.

ont.

-*abunt *prs.* : ont 759.
-ondet *prs.* : respont 760.
-undum *sbs.* : mont 161. 254.
-unt *prs.* : sont 162. 253.

onte.

-ŏmitem *sbs. n.* : conte 11.
-omputat *prs.* : raconte 12. 78.
-omputum *sbs.* : conte 77.

ŏr.

-ōrem *sbs. m.* : seignor 69. 816. *sbs.* : amor 774; valor 385. 815; onor 386.
-urnum *sbs. n.* : jor* 70.
  » *sbs. obl.* : jor 773.

ŏrs.

-ōres *sbs. obl m.* : seignors 341.
  » *sbs. obl.* : amors 342.

ŏrs.

-ŏris *adv.* : fors 266.
-orpus *sbs. obl* : cors 265.

ŏrt.

-ortem *sbs. f. n.* : cort 210.
  » *sbs. f. obl.* : cort 269. 464. 738.
-urrit *prs.* : acort 270; cort 737.
-urtum *adj. n.* : cort 209.
  » *adj. obl.* : cort 463.

ôrt.

-ortem *adj. m. n.* : confort 696.
-ortum *sbs. n.* : tort 695.

ŏrte.

-ortam *sbs.* : porte 117.
-ortat *prs.* : aporte 118.

ŏst.

-ostem *sbs.* : ost 507.
-*ostum *adv.* : tost 508.

ôt.

-abuit *prt.* : ot 56. 289. 766.
-*abuit *prt.* : estot 290.
-ŏtait *prt.* : pot 765.
-ŏluit *prt.* : volt 55.

ous.

-*o(r)sum *adv.* : estrous 170. 510.
-ōs *pron.* : vous 169. 509.

ousse.

-*o(r)sam *adverbial* : parestrousse 424.
-ussam *sbs.* : rescousse 423.

ouste.

-ū(n)stat *prs. cj.* : couste 61.
-ûstam *sbs.* : Pentecouste 62.

out.

-*ôttum *adverbial* : tout 381.
-*ûbitum *sbs.* : redout 382.

u.

-*ûtum *part. prt.* : entendu 351; res-
pondu 368; veü 433. 497.
-*ûtum *part. prt. n.* : tissu* 352;
tenu 367: avenu 434. 498.

ue.

-ûdat *prs.* : tressue 110.
-ûgam *sbs.* : rue 109.
-*ûta *part. prt.* : aperceüe 544; venue
767. ∞ : venue 755.
-*ûtam *part. prt.* : veüe 543. 768.

ues.

-*ûtas *part. prt. n.* ∞ : rompues 549.

uit.

-octem *sbs. f.* : nuit 66.

-uctam *sbs.* : deduit 65.

ure.

-ûra *sbs.* : nature 133.
*ûram *sbs.* : enforceüre 134. ∞ : aven-
ture 107.

ures.

-ûras *sbs. obl.* : aventures 345.
-ûras *adj. obl.* : pures 346.

us.

-us *adv.* : plus 277.
  » *sbs. obl.* : sorplus 278.

ust.

-uisset *ipf. cj.* : fust 90. ∞ : fust 283;
pleüst 389.
-*uisset *ipf. cj.* : beüst 89.

uz.

-*ûtem + s *sbs. m. n.* : saluz* 160.
-*ûtus *part. prt.* : venuz 159. ∞ :
venuz 119; toiseuz 285.

Verzeichniss der Reimworte

zum

| lai du corn*). | mantel mautaillié. |

A 188. 584. abbé (abbee) 591. abez 590. ademplir 354. adroiz 504. 541. 542. airra 424. ait (heit) 235. ala 110. Alemaingne 24. ama 370. amai 331. amast 378. amerai 332. amerent 582. ames 356. ami 394. 529. amie 10. amiraunt 528. amis 275. 520. anel 50. 173. 337. apela 462. apele 147. aporta 453. areisouna 117. argent 51. 183. armez 494. ars 327. Artu 115. 495. 553. Arturs (Arzurs) 105. 373; Artuz 457. asoluscioun 29. assemblé 124. 172. assemblées 207. assemez 162; ascemée 511. asis 576; assises 43. ausi 126. aual 266. auaunt 93. 419. auenaunt* 120; auenaunt 156. auenaunz 502. auint 1. auoit 490. auoient 271. aura (auera) 471. 536. aurai (auerai) 151.

A 203. 781. achoison 370. 492. aconter 33. 195. acorça 309. 406. acort 270. acuitées 688. afubla 307. 405. afublé 201. 335. 365. 585. 824. 831. affublée 763. afubler 216. 371. 353. 893. 439. 548. 618. 820. afublerent 667. alé 72. 80. aler 157. aut *cj. prs.* 745. Allemaigne 52. amain 566. amées 687. ami 206. 706. amie 17. 378. 483. 532. 785. amis 154. 595. 830. amor 774. amors 342. aniaus 39. anual 104. anuioit 238. apareillie 521. apareilloit 287. apela 449. apele 94. apelée 448. apelez 535. apent 324. aperceue 544. apercevoir 511. aperçoit 545. aporta 359. 557. 783. aporte 118. aporté 526. aporter 38. 43. 452. 622. après 302. 587. aramir 417. Arès 301. 715. aresonast 347. arresone 98. arriere 156. 734. ars 279. asselsse 105. asselet 91. assemblé 71. assemblée 63. 219. 263. 660. assemblées 25. asis 130. assise 797. ataint 287. atant 598. atendant 338. atorné 336. 646. atornée 764. atornées 267. auferrant 126. aumosniere 190. 575. autresi 205. avant 299.

*) Ueber die mit einem Sternchen versehenen Wörter cf. »Zur Bestimmung des Dialektes« unter h.

Baillai 565. bailler 408. lmisiée (beisse) 450. bandon 336. barnage 28. 73. barné 22. 123. 171. baroun 179. 269. 443. bas 556. beiure 256. bel 36. 49. 174. benourée (benoure, benourez) 360. 390. beuez 150. 522. beura (beuera) 232. 247. 472. beuray (beueray) 286. beuront (beuerount) 316. bien (ben) 432. Bikez 589. blamer 317. blamerent 306. bliaut 78. blounz 228. 499. Boillaunde 25. bonement 482. bouche 547. Bretaingne 23.

Calcedoines 46. caniuet (cniuet) 304 cf. Metrum. Caratouns 438. celee 210. celui 238. cendre 400. cent 52. 61. 562. certain* 558. chaunberlens 184. chauncele 97. chapelein 186; chapeleins 219. cheualer 11. 83. 157. 257. 407. Cirinceitre 509. 585. claré 91. cler 318. coi 108. comaundez 452. cumbuti 346. cumparage 27. cuncorderent 82. cungé 578. cunquere 251. cunreiez 161. cunrois 114. Constentin 54. counte 367. 413; countes 441. countrées 208. cor 39. 131. 139. 571; corn 181; corns 334. 430. coraunt 37. Cornewaile 425. corouce 34. cors 333. 513. curteisie 20. curtois 130. 138. 492. 560. cosin 376. coupée 348. cous 280. couste 7. couenaunt 379; couenauns* 183. crerreit 455. creü* (cru) 221. cuida (quida) 293.

Damaisele 85. dammaiseles 14. 205. daunce 35. 338. deboneire 538. dedie 383. defendi 345. deleauté 250. demena 461. dement 386. demi 544. demoure 201. derree 260. desiree

337. 379. 407. 426. 597. 744. aventure 107; aventures 345. avenu 434. 498. avint 1. avis 292. 442. 471. 641. 795. 829. avoir 416. 493. 512. 647. 648. 758. 790. 839. 840. aurai 178. auroit 187.

Bacheler 14. baron 844. 849; barons 313. 825. bel 88. 128. 192. 224. 462. bele 176. 560. 661; beles 49. 150. 246. 262 benele 142. besoigne 577. beüst 89. biauté 898. bien 180. blusmée 735. bonement 785. 803. bonté 640. braz 131. Briebas 778.

Cent 392. 804. cert 793. chaiere 155. chefies 550. chevalier 53. 554. 673. 719. chevaliers 818. chevaus 144. chiere sbs. 189. chieres adj. 80. ci 721. comaunda 747. commande 242. commandé 234. commandement 16. compaignie 18. 141. 484. 532. 567. 663. confort 696. congié 821. conroi 260. conseillier 553. contant 19. conte 11. 77. conté 825. 781; contée 220. 327. contenement 676. contredire 707. contredit 387. contrée 355. 730. 736. convoie 564. corant 115. corbée 474. coroné 164. corouciez 802. cors 265. cort sbs. 210. 269. 464. 738. cort adj. 209. 463. cort prs. 737. cortoise 23. 445. couchier 67. couste 61. costé 516. coutel 87. couvenant 602. covendra 724. couvrir 418. creanté 233. 256. 274. 366. creantera 704. crepon 630. crier 13. croit 505. cuidierent 628. cuidoit 608.

Damoisel 779. damoisele 175. 559. 662. damoiseles 245. 261. dangier 438. 583. 620. dauzel 247. deçoit 506. deduit 65. delaier 243. 619. delivrement 15. 323. 499. 579. demandé

Gabberent 273. gabbez 464. gab-
bois 491. Galahal 509. garderez 563
cf. Metrum. Gauuein 175. 301. 343.
498. geaunt 340. gelous 234. 279.
gent 380. germain 344. gernouns
437. 500. geste 10. geter 326. Giflet
303. Glouien 431. Gohers 429 cf.
Reime. goune 532. goutast 446.
graunde *sbs.* 244. graunt 48. 486.
gros 549. guerriast 377.

Haut 77. 121. herbé (erbé) 92.
houm 67, houm* 321. houme 363.
oun 593. honereit 456. honir 410.
honour 525. hounte 368. 414. houn-
tes 442.

Irrai 159. ire 406. 459. irré 428.
irrez 218. 281. 296. irrée 264. Ir-
launde 26. 439. irroit 448. issi 314.
issuz 167. luucin 176. luwain 302.
luwaine 307. ivoire (iveure) 41.

Ja 58. iour 31. iure 202. iuré 177.

Kadoiners 434. Karlioun 30. 594.
Kex 283, cf. bei Metrum.

Lessa 165. leal 265. 507. loiaus
320. leñ (lu) 222. lee (le) 263.
371. lez 217. 281. 539. lirra 187. list
191. Lot 435. lui 237.

Main 100. 185. 497. mainers 433.
mais (meis) 170. maundé 21. mangé
33. 577. manger 12. manier 84.
Mangounz 227. mari 393. 530. mars
246. matin 154. maufez* 451. mau-
talent 481. mazerin 89. meillour
254. menour 32. mer 65. merci 484.
574. mermille 15. 196. 474. meschine
358. 388. mesprisioun 322. mie
312. 365. 469. mis 241. 519. misce
44. mist 292. moi 194. mulier 569.
Mounpeller 258, cf. Metrum. mua
518. muz 100. Muz 419.

Gabant 665. gaber 643. 690. 698.
galois 634. garder 726. garnement
838. garni 84. gas 684. Gavain
414. 565. Gavaine 740. gent 419.
702. gentil 488. geté 525. Girflès 599.
gisant 476. grant 300. 334. 749. gré
402. 515. 586. grieve 518. guise 654.
Hasta 540. haster 425. hastoie
611. honi 705. honir 592. honor
(onor) 386. hontage 181.
Icus (iex) 562. ire 606. 656. irie
522. iriez 769. isnolemant 213. issi 542.
Ivain (Yvain) 486.
Ja 114. jeûné 239. 582. joiaus 40.
joie 151. jonc 204. jor 70. 773. ju-
vencel 555. juga 703. jugement 711.
jurnst 348.
Koi 339. Qoi 658.
Là 297. lavunt 236. lentement
615. leva 450. 438. 502. levée 473.
li 83. lié 412. liez 770. 801. 831.
lieve 517. lit 751. loé 58. loer 37.
loiaus 316. 465. 609. loiauté 322. leauté
645. lonc 293. lons 314. 826. Lorer 440.
Main 485. mains 739. mès 686.
maintenant 125. 214. 235. 570. 633.
mande 241. mander 226. mengier
85. 244. 584. maniere 8. 576. 651.
733. manieres 29. mantel 127. 191.
223. 248. 461. 556. 780. mantiaus 490.
marri 480. mars 280. matin 805.
maudit 435. 527. maus 718. mauvès
716. membrez 123. menée 659. me-
nées 26. 81. menra 482. merci 467.
541. 722. mercie 186. 568. 841. mer-
veille 197. meschine 230. 306. mes-
erré 202. mesfet 713. mespris 642.
775. mesprist 122. 350. messeoir
415. 671. mestier 437. 699. mie 319.
396. 679. 786. mieus (miex) 561. mis
441. 596. mise 798. moillier 674.
moilliez 636. monstré 273. moustrez
146. mont 161. 254. mucie 727. 749.

3*

Nce 309. neent (nent) 385. noun
505. noune 531.

Oy 212. oie *sbs.* 69. *part.* 199.
ollifaunt 47; holifaunt 112; olifaunt
485. ont (ount) 315. or *sbs.* 40. 140.
182. 572. oraille 195. orra 204.
orrez 226. orrcount 213. oscis 349.
ose 475. osterent (ousterent) 305.
oubli (oumbli) 102. oubblie 70.
outrage 391.

Pain 99. palais (paleis) 169.
parage 392. paruille 16. parla 109.
parler 104. pas 555. passez 564.
Pauie 366. 470. peiosun 88. peitrine
299. pendre 399. pensé (pensee) 249.
pent 76. Pentecouste 8. peoun 68.
petit 128. pez 295. 540. piment 289.
pis 297. 382. plein 557. plus 374.
prendra 535. prendrai 164. prent
75. 143. 189. presenta 466. presen-
tai 351. preiser 570. pris *sbs.* 242,
part. 298. 350. prist 291. 487. pu-
cele 64. pucceles 13. 206. puissaunt 527.

Queraunt 404. quite 3.

Raisin (reisin) 396. reconoient 272.
regarda 477. 517. reIne 267. 300.
323. 357. 387. 516. remenerent 581.
remes 355. renoun 506. repeirerai
163. repenti 216. reposirai 160. re-
spoundi 125. 483. 573. retendi 80.
retenir 353. reuoaunt 579. riaunt 119.

Nature 133. noient 701. 712. 787.
nommé 174. non *sbs.* 629; *partikel*
850. nonne 97. novele 98. 218. 754.
noveles 50. 149. nuit 66.

Oevre 199. oie *prs.* 152. oisiaus
489. ont 759. orendroit 100. 761.
osée 356. ost 507. osteroit 295.
ot 56. 289. 766. otrie 812. otroient
594. oubliée 417.

Painent 344. parçonier 720. parée
264. pareille 198 parestrousse 424.
Paris 776. parla 139. parlé 183. 240.
581. parler 47. part 731. parti 692.
partist 681. pas *sbs.* 520. pas *par-
tikel* 478. 529. 683. passer 409. 547.
621. 814. 819. pendant 634. pendux
286. penssis 604. pent 282. 454.
514. 624. Pentecouste 62. per 384.
410. pert (paret) 650. pert (perdit)
794. peser 697. petit 317. 503. petix
495. pieça 101. pire 694. 708. pitié
411. plesir 591. pleniere 7. plenté
137. 397. pleüst 389. plus 277.
poise 24. 446. porpensa 382. porte
117. porté 311. 833. porter 725.
portret 194. 252. pot 765. prelat 376.
premierement 391. prendrai 363.
prendre 45. 357. prenez 536. prent
281. 404. 453. 580. 623. preudon 812.
prist 121. 670. proisié 822. proisiée
(proisie) 728. promis 603. provée
709. pucele 217. 753. pures 346.

Queres 145. querre 455. 572. 625.
828. quis 153. 167. quite 3. quites
590. qoi 470.

Raconte 12. 78. reson 369. 491.
843. ramposné 639. reconforter 689.
reconfortoit 678. redout 382. refuser
451. regardées 268. regardoit 677.
remaindra 360. 539. rendre 35. 858.
renommée 729. repent 616. repen-
tant 59. reprovier 700. requerre 232.